▩|FISCHER

W0041557

Ronja von Rönne schreibt über alles, was das Menschsein zur Unverschämtheit macht. »Heute ist leider schlecht« ist eine Auswahl ihrer besten Kolumnen aus der »Welt am Sonntag« und ihrem Blog »Sudelheft« sowie brandneuen Texten. Frech, witzig, provozierend und auf den Punkt gebracht widmet sich Ronja von Rönne ungemein scharfsinnig und wortgewaltig den Lebensentwürfen unserer Zeit.

»[...] witzig, anstößig und haltungsstark. Der typische Rönne-Sound.« *ZDF Aspekte*

Ronja von Rönne, 1992 in Berlin geboren, schreibt für die »Welt am Sonntag«. 2016 erschien ihr erster Roman ›Wir kommen‹. Sie lebt in Berlin und Grassau. Sie besitzt keinen Schneepflug.

Mehr von der Autorin unter www.sudelheft.de

Weitere Informationen finden Sie auf www.fischerverlage.de

RONJA VON RÖNNE

Heute ist leider schlecht

Beschwerden ans Leben

S. FISCHER

Für Gromi

Aus Verantwortung für die Umwelt hat sich der S. Fischer Verlag
zu einer nachhaltigen Buchproduktion verpflichtet. Der bewusste
Umgang mit unseren Ressourcen, der Schutz unseres Klimas und
der Natur gehören zu unseren obersten Unternehmenszielen.

Gemeinsam mit unseren Partnern und Lieferanten setzen wir uns
für eine klimaneutrale Buchproduktion ein, die den Erwerb von
Klimazertifikaten zur Kompensation des CO_2-Ausstoßes einschließt.

Weitere Informationen finden Sie unter: www.klimaneutralerverlag.de

4. Auflage

© 2022 S. Fischer Verlag GmbH,
Hedderichstr. 114, 60596 Frankfurt am Main

Druck und Bindung: BoD – Books on Demand GmbH,
Norderstedt, Germany
ISBN 978-3-596-03703-2

Inhalt

Wo es schlimm ist .. *65*

Was gegen das Schlimme hilft .. 127

Warum es schlimm ist

Warum ich wütende
Texte schreibe

Wenn ich an meine Kindheit denke, erinnere ich mich nur an Millionen Kieferorthopädenbesuche und AOL-CD-Roms. Das waren Umsonst-CDs, mit denen man sich ins Internet einwählen konnte. Vom Internet wussten wir wenig, aber wir ahnten, dass es höchstens halb so glänzend und bunt wie die AOL-CDs sein konnte. Das Internet war egal. Die AOL-CDs waren es nicht.

Sie lagen überall aus. Beim Edeka bekam ich nicht, wie andere mir mit leuchtenden Augen erzählten, eine Scheibe Wurst, über deren Herstellung man später furchtbare Dinge erfahren würde, nein, ich bekam eine AOL-CD.

»Willst du noch eine AOL-CD?«, fragte die Kassiererin, und ich antwortete:

»Aber ja, solch eine wunderbare AOL-CD, wer weiß, wenn die anderen hundert kaputtgehen, habe ich noch eine zum Ersatz. Gib her das Ding.«

Meine Kindheit war ein leeres Zimmer in Oberbayern, in dem tausend AOL-CDs und eine Zahnspangendose lagen. Später, als mir das zu langweilig wurde, spielte ich einfach, dass die Zahnspangendose auch eine AOL-CD ist.

Nie habe ich gespielt, dass die CDs Ufos wären oder wenigstens Telekom-CDs, ich wollte nicht phantasievoll sein, ich wollte einfach nur noch mehr AOL-CDs. Ich wollte alle. Man braucht hohe Erwartungen, sonst kann man nicht enttäuscht werden.

Irgendwann schmiss meine Mutter sie alle weg. Rums und

klirr-klirr in den Hausmüll. Ich sprach kein Wort mehr mit ihr, packte schweigend meine Siebensachen und zog aus, um fürderhin missverständliche Texte in großen Zeitungen zu publizieren.

»Die Wut, woher kommt denn die Wut in Ihren Texten«, werde ich gefragt. Ein- oder zweimal habe ich ehrlich darauf geantwortet.

»Meine Mutter hat meine Reklame-CDs weggeworfen.«

»Ach so, hm«, sagt die Reporterin.

»Wirklich. Jede Einzelne«, sage ich.

Dann sagen wir beide nichts und denken an bessere Zeiten. Vielleicht liegen sie ja bei ihr in der Zukunft. Für mich sind »bessere Zeiten« nur eine vage, glitzernde Erinnerung mit Loch in der Mitte.

Gedruckt worden ist meine Antwort übrigens nie, stattdessen stand dann später da, dass ich eben einen »schrägen Humor« habe. Dabei stimmt das nicht. Schräger Humor ist, wenn man seine Mitschüler erschießt und auf die Frage nach dem »Warum« antwortet:

»I don't like mondays.«

Das ist schräger Humor. Das hier ist der letzte Satz. Und das war eine Lüge.

Keine Gnade am Morgen

Ich wache oft gegen vier Uhr morgens auf. Meistens, weil ich keine Luft bekomme. Um vier Uhr morgens eine Panikattacke zu bekommen ist sehr praktisch, denn sonst verpasst man nicht viel. Die Geschäfte haben geschlossen, die Exfreunde ihr Handy im Flugmodus.

Weil aber auch die schönste Panikattacke nicht für immer ist, will die Zeit bis zur Morgendämmerung genutzt werden. Also erledige ich, ganz die Generation Produktiv, all die Dinge, zu denen ich sonst so selten komme. Ich starre in mein finsteres Zimmer und denke über Mahngebühren nach, stelle mir den Tod vor und führe imaginäre Gespräche mit Menschen, die mir verhasst sind. Ich male mir die Zukunftsangst aus. Ich stelle mir vor, wie in meinem Kopf ein Tumor wächst. Spätestens, wenn die Sonne aufgeht, weiß ich, welche Fehlentscheidungen in meinem Leben mich zu dem gemacht haben, was ich heute nicht bin.

Unfair ist, dass nach dieser Tortur erst der Tag beginnt, das Einzige, was vielleicht noch schlimmer ist als der Morgen. Grässlich viele Stunden warten grinsend darauf, genutzt zu werden. Weil es aber hell ist, und weil man in der Uni sitzt, und weil es starken Kaffee gibt, kann ich mich tagsüber sehr gut mit meinen moralischen Verfehlungen, meiner Unproduktivität und meinem destruktiven Lebensstil arrangieren.

Das Schöne ist, dass sich die Zeit von ganz allein verlebt. Ich muss gar nichts tun. Ich kann mit einer Scheibe Toast auf meinem Grabstein sitzen und warten. Aber weil ein Grabstein sehr unbequem ist, wache ich häufig nachts auf und muss darüber nachdenken, warum ich meine kurze Erdenzeit nicht sinnvoller genutzt habe. Alles ist sehr schlimm.

Wie bringe ich mein
Haustier um?

»Komm, wir hängen die Wäsche auf!«

»Nö.«

»Geh wenigstens mal von Facebook runter.«

»Nope.«

So geht das schon seit Tagen. Ich komme zu gar nichts mehr. Das Diffuse ist bei mir eingezogen, kräht in meinem Zimmer herum und macht mir Sorgen. Es veranstaltet Tennisturniere für seine Freunde in meinem Hinterkopf. Ich nehme nie teil, verliere aber trotzdem. Sagt es. Das Diffuse reißt meinen Kleiderschrank auf, schmeißt alles durcheinander, schmiert sich Lippenstift ins Gesicht und verkleidet sich wahlweise als Furcht oder Versagensangst. Gerade trägt es einen BH in Doppel D, was völlig albern aussieht, weil weder das Diffuse noch ich große Brüste haben.

»Wer bin ich jetzt?« Es grinst feist.

»Weiß nicht. Ein Komplex?«

»Och, Mensch, das war zu einfach.« Das Diffuse zieht sich beleidigt zurück in die Ecke und liest mir aus meinem Tagebuch mit elf vor.

»Guck mal, du wolltest damals schon Autorin werden!«

»Weiß ich.«

»Und was ist seitdem so schiefgegangen?« Das Diffuse brüllt vor Lachen, kippt eine Flasche Aldi-Whiskey und grabbelt an meinem Handy rum, um selbstmitleidige SMS an Verflossene zu tippen.

Ich schlage ihm einen Spaziergang vor. Draußen scheint die Sonne. Es schüttelt den Kopf.

»Wusstest du, dass Sonnenschein die Nummer-eins-Ursache für Hautkrebs ist?«

Ich zerre es aus dem Haus. Wir gehen Richtung Rewe. Ich will was Schönes kochen, für uns beide. Ich lege eine Aubergine in den Korb. Das Diffuse nimmt sie wieder heraus. Ich lege sie wieder hinein. Das Diffuse guckt zornig und schmeißt vier Stangen Discounterkippen in den Korb. Ich resigniere.

Es nervt zusehends. Das Diffuse hat viele ärgerliche Angewohnheiten. Zum Beispiel, Redensarten falsch zu verwenden.

»Jetzt macht doch keine Mücke aus einem Elefanten! Alles ist viel schlimmer, als es tatsächlich scheint!« Es verdreht die Augen. Dann rennen wir beinahe nach Hause, denn, erzählt das Diffuse ganz euphorisch, zu Hause sei der WLAN-Empfang viel besser, außerdem könne man in Jogginghosen herumliegen. Ich gebe nach.

Das Diffuse legt sich in mein Bett. Es sieht eigentlich ganz zahm aus, wie es sich da zusammenrollt. Es kann kaum noch die Augen offen halten, als ich mich dazulege.

»Ich bin wie das Sams«, murmelt es noch, »nur dass ich jeden Tag da bin und keiner mich mag.«

Im Halbschlaf greift es nach meiner Hand. »Du verlässt mich doch nicht, oder?«

Ich gucke es an, streiche ihm ein Haar aus dem Gesicht. Wie könnte ich.

Interview mit
Marcel Reich-Ranicki

Ich habe mich zu einem Interview mit Marcel Reich-Ranicki verabredet. Er gibt mir die Hand und entschuldigt sich, dass er nicht kommen konnte. Draußen scheint die Sonne, als wir im Holodeck Platz nehmen. Die Realität sitzt zwei Tische weiter, guckt mürrisch und trinkt Zitronenlimonade.

SUDELHEFT: Es ist wirklich schade, dass wir uns heute nicht unterhalten können –

REICH-RANICKI: Ich glaube, Sie lesen zu wenig Zeitung. Sonst wüssten Sie, dass ich gar nicht mehr lebe. Man kann nicht einfach als Toter zu Interviews aufkreuzen. Das brächte alles durcheinander.

SUDELHEFT: Aber ich interviewe lieber Tote, die twittern nicht.

REICH-RANICKI *versonnen*: Manchmal ist eine Schreibblockade für den Leser ein Segen, das wollen wir nicht vergessen.

SUDELHEFT: Sie machen mir sogar als Toter noch Angst –

Die Realität schlürft missbilligend den Rest ihrer Zitronenlimonade und setzt sich eine Sonnenbrille auf.

REICH-RANICKI: Sie werden albern.

SUDELHEFT: Mir ist das irgendwie unangenehm, ich habe das schon groß angekündigt, ein Interview mit Reich-Ranicki, das gab es ja nun ewig nicht mehr, und jetzt sitze ich hier alleine –

REICH-RANICKI: Aber hier ist man nie alleine. Sehen Sie, da läuft Jean-Luc Picard! Ich glaube, wenn ich ein anderer Mensch wäre, wäre ich ein großer Star-Trek-Fan. Bis auf die Voyager-Folgen, die sind Quatsch.

SUDELHEFT: Möchten Sie einen Earl-Grey-Tee?

REICH-RANICKI *lässt den Blick in die Ferne schweifen:*   Mich stört die gewollte Metaebene in diesem Text massiv. Bei Wikipedia steht, dass ich eine realistische Literatur favorisiere.

Die REALITÄT *holt aus und wirft ihr Glas nach uns:* ENDLICH SAGT ES MAL EINER! MICH GIBT ES AUCH NOCH!

SUDELHEFT: Aber die Realität muss doch nicht immer in Texten die größte Rolle spielen. Ich finde das aufdringlich.

REICH-RANICKI: Ich muss jetzt gehen. Es ist immer so schwer, Orte zu verlassen, an denen man noch nie war.

Wie viel Sex ist normal?

Ich möchte den internationalen Tag der Tapferkeit ausrufen.

Tapfer sind alle, die sich umgebracht haben, und alle, die noch leben. Viel zu oft wünscht man mir »viel Spaß« bei allerlei spaßlosen Angelegenheiten, viel zu wenig sagt man mir »tapfer bleiben«. Dabei ist doch viel mehr schlimm als angenehm, und bei angenehmen Tätigkeiten hat der Spaß sich gefälligst von allein einzustellen und sollte nicht erst durch Wünsche meiner Freunde beordert werden müssen. Ständig muss ich Spaß haben. Man kommt kaum mehr zum Silberputzen bei all dem Spaß.

Silberputzen war als Kind meine Lieblingsbeschäftigung. Ich komme aus Oberbayern. Früh stellte mich meine Mutter vor die Wahl: »Kind«, sagte sie, »möchtest du in deiner Freizeit lieber in den Trachtenverein oder das Familiensilber polieren?«

Ansonsten habe ich als Kind viel gelesen und gewackelt. Das Wackeln war toll. Einfach von vorne nach hinten, den ganzen Oberkörper und Tag lang. Heute komme ich nur noch selten dazu, es wird ja viel diagnostiziert, und ganz schnell wird einem das Silbermesser entwendet und durch einen Therapieball ersetzt, man muss alte Jogginghosen tragen, durch traurige Fluren von noch traurigeren Psychiatrien schlurfen und Activity mit Verrückten spielen. Ich habe in meiner kurzen Erdenzeit noch viel vor, deswegen wackele ich nicht mehr, sondern trinke zur Stressbewältigung viel Alkohol, das ist gesellschaftsfähiger.

Wenn man »ich wackele« in Google tippt, wird einem übrigens »ich wackele wie ein Dackel« vorgeschlagen, aber ich finde, das geht doch zu weit. Ich wackele wie ein vernünftiger Mensch, nicht wie ein überzüchteter Dachshund.

Wie viel Sex normal ist, weiß ich übrigens nicht, das müsst ihr schon selbst wissen! Was ist denn das für eine bescheuerte Frage! Wenn ihr zur Beantwortung einer solchen Frage Texte einer 23-jährigen Wacklerin lesen müsst, tut mir euer Partner wirklich leid.

Dafür kann ich bald die Frage »Bringen Überschriften mit dem Wort Sex wirklich mehr Leser?« empirisch fundiert beantworten. Und wenn ihr jetzt wütend seid, weil ihr statt Sextipps nur erfahren habt, dass ich als Kind gern Silber putzte, kauft euch doch das nächste Mal die »Cosmopolitan«, ihr Knalltüten.

Alte Freunde sind
das Letzte

An Weihnachten treffe ich alte Freunde wieder. Das hat bei uns Tradition. Die meisten sind natürlich weder alt noch Freunde, trotzdem umarmt man sich ein bisschen länger als sonst, weil man so tut, als ob man es wirklich so meinen würde. Man lässt die Augen blitzen und strahlt: Geht's dir gut? Man erinnert sich mühsam an alte Insider, die nicht mehr zünden, aber man lacht trotzdem, denn sonst müsste man ja miteinander reden, und genau das will man nicht, sonst wären es ja keine alten, sondern echte Freunde.

Man hält sich gegenseitig auf dem Laufenden: Nein, ich rauche nicht mehr. Ja, ich wohne jetzt auch in Berlin. Nein, ich habe jetzt keinen Sex mehr mit Schimpansenbabys. Dann lacht man höflich und sagt: Oh, krass, wie hast du das denn geschafft, mit dem Rauchen aufzuhören, und schade, das Schimpansen-Ficken hat dir doch früher so viel Spaß gemacht! Schon fühlt man sich wieder ein bisschen verbunden. Wie früher. Und kurz denkt man, dass früher vielleicht alles gar nicht so schlecht war, wie mein Psychiater immer behauptet.

Denn es gibt natürlich Gründe, warum diese Menschen alte und nicht aktuelle Freunde sind. Weil ich nicht mit Menschen befreundet sein will, die so eklige Dinge tun, wie mit Schimpansen zu schlafen oder change.org-Links zu posten. Der wahre Grund, warum man so sehr strahlt, wenn man alte Freunde umarmt, liegt daran, dass man diese Fressen an den anderen 363 Tagen im Jahr nicht umarmen muss.

Weihnachten ist die Zeit der Dankbarkeit. Ist Zeit der Aufarbeitung. Manchmal gibt es ja auch gute Neuigkeiten: Die Stufenschönste ist mittlerweile Stufenzweitschönste, und der ehemalige Klassensprecher hat sich vor einen ICE 3 geworfen. Dann guckt man betroffen, sagt: Züge fand er früher schon immer toll, und dreht sein Glas in den Händen, während man sich die zerfetzten Einzelteile dieses Arschlochs im Schnee glitzernd vorstellt. Blut auf Weiß. Schön. Weihnachtlich.

Und weil ja Weihnachten ist, glaubt man auf einmal wieder ein bisschen an Gerechtigkeit. Und dann fängt es an, leise zu schneien.

Ich bin unglücklich

Ich bin unglücklich. Wenn ich aus dem Fenster schaue, sehe ich im Nachbarhaus einen fetten Typen mit Halbglatze, der sich seit gut 20 Minuten vergeblich einen runterholt. Im Innenhof beschimpfen sich drei Männer auf Türkisch, vielleicht brüllen sie aber auch »ICH HAB DICH ECHT GERN, BRUDER!« und »EY, ICH DICH ERST« und »IST DER SCHLIPS NEU? DER SIEHT SUPER AUS!« – so genau weiß ich das nicht, ich kann kein Türkisch.

Es regnet, Travis fragt warum. Ich bin unglücklich. Ihr dürft nicht fragen warum, höchstens warum nicht. Es ist ein sehr guter Tag, um unglücklich zu sein. Ich verpasse nichts. Ich sollte glücklich sein, an so einem langweiligen Tag unglücklich zu sein. An unglücklichen Tagen kann man nämlich auch Glück haben. Zum Beispiel, wenn der Tabak zur Neige geht. Dann hat man nämlich einen Grund, vor die Haustür zu gehen.

Angemessen unglücklich zu sein ist sehr schwierig. Man braucht viel Übung damit. Profis nutzen unglückliche Tage, um den Kleiderschrank auszumisten und unter der Küchenzeile zu wischen. Anfänger tippen bei Google »Bin ich depressiv?« ein. Danach rufen sie ihre Freunde an und jammern. Das ist überhaupt ein großes Missverständnis: Unglücklichsein ist noch lange keine Entschuldigung fürs Jammern. Unglücklichsein ist eine Entschuldigung, um unglücklich zu sein. Außerdem muss man nicht duschen.

Ich nutze unglückliche Tage, um mit Leidenschaft zu hassen. Dazu kommt man sonst so selten. Ich sitze zum Beispiel an meinem Küchentisch und hasse ihn. Danach kommt die Küche dran, dann die Wohnung. Scheiß Deutschland. Bis zur totalen Misanthropie brauche ich fast den ganzen Nachmittag. Währenddessen rauche ich viele Zigaretten und ärgere mich darüber, dass alles nach Rauch riecht. Am Abend retuschiere ich noch alle meine Bilder in Schwarz-Weiß und gehe erschöpft, aber unglücklich ins Bett. Vor dem Einschlafen denke ich noch ein bisschen an unheilbare Krankheiten und schaue eine Doku über verhungernde Kinder in Afrika. Es war kein schöner Tag.

Conni hat Aids

Kennt ihr Conni? Sie ist die blonde Heldin einer Buchreihe. Conni ist brav, schlau, immer gutgelaunt. Ich hasse Conni. Conni war immer genau so alt wie ich gerade und konnte alles.

Die Buchtitel sind schriftgewordene Minderwertigkeitskomplexe für die zarte Kinderseele: *Conni lernt reiten. Conni lernt schwimmen. Conni lernt singen. Conni rettet Oma. Conni lernt backen.* Außerdem geht Conni gerne in die Schule, gerne zum Zahnarzt, gerne wandern. Später hatte Conni einen Austauschschüler und eine beste Freundin. Das Schlimmste, was Conni jemals passiert ist: Sie weiß nicht, von wem der an sie adressierte Liebesbrief stammt. Das Schlimmste, was mir je passiert ist, war ein LSD-Unfall, nach dem ich jahrelang nicht normal atmen konnte.

Conni konnte alles, und was sie nicht konnte, hat sie gelernt. Das Schlimmste war: Sie hatte immer Spaß. Bei allem. Ewig lächelnd und unbesiegbar ist Conni ein blonder, hämischer Schatten, der sich über meine Kindheit gelegt hat, eine Steilvorlage für frühkindliches Verzagen.

Conni lernte schwimmen, mich brachte eine Qualle ins Krankenhaus. *Conni lernte Ballett*, ich wurde aus dem Fußballverein geworfen. Das ist so passiert: Es war Probetraining, vor mir lag der Ball. Der Trainer brüllte: »PASS!«, ich machte nichts. Er brüllte wieder: »PASS!«, und ich heulte. Weil ich nicht wusste, was ein »Pass« ist, und weil ich nicht in Connis Welt gelebt habe, wo mir die freche Trainerin das bestimmt erklärt hätte.

Conni bekam später ein Fohlen, ich Urzeitkrebse, die in trübem Wasser vor sich hin starben. Conni ging nicht mit Fremden mit, meine Eltern steckten mich mit sechs alleine in die Bahn.

Mittlerweile ist Conni wohl Mitte 20, wie ich. Manchmal frage ich mich, wie es ihr heute ergeht. Man weiß ja, wie das mit den Kindern von dermaßen überambitionierten Eltern endet. Wenn Connis Autorin nicht bald von Amy Winehouse' Vater lernt, liegen in deutschen Buchhandlungen wohl bald folgende Titel: *Conni spritzt jetzt Heroin, Conni vergisst zu verhüten, Conni ist jetzt Teeniemutter, Conni und die Arbeitslosigkeit, Conni beerdigt ihre Eltern, Conni läuft Amok.* Ein bisschen wünsche ich es ihr. Denn natürlich wird Conni daraus lernen, und später wird Connie dann Coach.

Ich bin
45 Millionen Euro wert

Was bin ich wert, denkt man sich – und je schlechter es einem geht, desto genauer kennt man die Antwort: gar nichts. Wenn der Kapitalismus dann einwendet, dass das so nicht stimme, dass der Wert eines Menschenlebens nämlich bei ziemlich genau 45 Millionen Euro liege, also sämtliche Nieren, Samenspenden und Lungenflügel zusammengerechnet, ist das auch nicht wirklich tröstend, aber im Trösten war der Kapitalismus eh nie besonders gut.

Man schaut sich also um, verkorkste Karriere, das Billy-Regal immer noch nicht aufgebaut, Beziehungsratgeber neben dem Bett, und fragt sich, wie man eigentlich in diesem Leben gelandet ist, das so gar nicht wirkt, als sei es 45 Millionen Euro wert. Die Gesetzgebung der Bundesrepublik Deutschland gibt einem recht und rudert zurück: Mit ungefähr 10 Millionen Euro wird hierzulande der Wert eines Menschenlebens berechnet, etwa, wenn es um die Entscheidung geht, ob sich eine Verkehrsampel lohnt.

Philosophisch scheint das nicht ganz wasserdicht, und zumindest wenn man verliebt ist, ist man sicher, dass ein Mensch viel mehr wert sein kann als zehn läppische Millionen oder eine Ampel. Selbst ohne flatteriges Ungeziefer im Bauch geben die Humanisten einem recht: Unendlich viel sei ein Menschenleben nämlich wert. Egal, welches? Aber ja, jedes Einzelne.

So richtig vertraut man den Humanisten nicht, die kennen

einen ja gar nicht persönlich, das klingt schon sehr nach Pauschalurteil. Außerdem ist die Antwort, jedes Menschenleben sei unendlich viel wert, auch nicht so richtig schmeichelnd für das Ego. Den Trick kennt man noch von Kindergeburtstagen, wo nach der Schnitzeljagd alle eine Urkunde kriegen, dabei schnallt man schon als Dreijähriger, dass wenn alle gewinnen, es keiner wirklich tut.

Ganz korrekt ist die Frage nach dem Wert ohnehin nicht. Richtig wäre: Wie viel bin ich zurzeit wert? Sonst ergeht es einem wie der Unternehmerin Elizabeth Holmes. Der wurde noch letztes Jahr von »Forbes« ein Wert von 4,5 Milliarden Dollar attestiert. Diesen Donnerstag wurde sie wieder runtergestuft. Auf null. Auch nicht schön.

Dann doch lieber die Humanismus-Teilnehmerurkunde. Oder eine schöne Verkehrsampel.

Dieser Text ist Zeitverschwendung

Ich habe keine Zeit für diesen Text. Er wird mich höchstwahrscheinlich einige Stunden meines Lebens kosten, es sei denn, ich finde noch mehr lange Füllwörter wie »höchstwahrscheinlich«, um diese Zeilen zu füllen. Das werde ich tun. Höchstwahrscheinlich. Ich könnte die Zeit, die ich für diesen Artikel aufwende, in viel angenehmere Dinge investieren. Ich liege gerne herum. Ich möchte den neuen Roman von Clemens Setz lesen. Aber ich raube nicht nur mir die Zeit, sondern auch Ihnen, lieber Leser. Denn in diesem Text geht es um Zeit und um unseren wenig rationalen Umgang damit. Ich verrate Ihnen an dieser Stelle schon die These, und mehr wird auch inhaltlich nicht dazukommen. Keine Überraschung. Keine neue Idee. Ab hier ist Deko.

Ich warne Sie jetzt schon, gleich zu Beginn, damit Sie weiterblättern und sich die zehn Minuten Lebenszeit sparen können, für die komplizierte Zubereitung einer Tasse Jasmintee oder die Rettung Ihrer Beziehung. Sie werden in diesem Text nur an das sehr Offensichtliche erinnert werden: dass Zeit wertvoll ist.

Es ist Mittwoch, der 9. August im Jahr 2015, jung ist dieser Mittwoch, erst acht Minuten alt. Über ein Viertel meiner voraussichtlichen Lebenszeit ist verstrichen. Ein Tag hat 24 Stunden. Eine Minute hat 60 Sekunden. Der schnellste Mann der Welt läuft hundert Meter in 9,58 Sekunden. Um das herauszufinden, habe ich 16 Sekunden gegoogelt. Zehn Sekunden habe ich darüber nachgedacht, ob ich diesen Satz im Text lasse.

Das sind Zahlen, Ziffern, die Orientierung geben darüber, wie viel Zeit vergangen ist, und vor allem darüber, wie viel noch bleibt. Es sind Zahlen, die so tun, als seien sie ein objektives Zeitmaß.

Dabei beweisen schon die Verben, mit denen man die Zeit beschreibt, dass es so einfach nicht ist. Zeit lässt sich verschleudern, der Urlaub verfliegt, die Kündigungsfrist verstreicht, die Zeit kriecht, wenn man auf etwas Schönes wartet, und manchmal, nur für eine Ewigkeit, bleibt sie stehen. Oft in Gewitternächten.

Wenn wir auf die Uhr sehen, stimmt das natürlich nicht. Das Uhrwerk tickt, ein Metronom, stetig, verlässlich, in Momenten voller Selbstzweifel, und kurz vor der Deadline tut sie das sogar unerbittlich. Doch vielleicht irrt sogar Albert Einstein, wenn er sagt: »Zeit ist das, was man an der Uhr abliest.« Denn unser sprachlicher Umgang mit der Zeit straft das gleichmäßige Ticken Lügen, und glaubhafter wirkt ein anderes Einstein-Zitat: »Wenn man zwei Stunden lang mit einem Mädchen zusammensitzt, meint man, es wäre eine Minute. Sitzt man jedoch eine Minute auf einem heißen Ofen, meint man, es wären zwei Stunden.« Was auf jeden Fall nicht stimmen kann, ist, dass jedes Einstein-Zitat ein Zitat von Einstein ist; bei der Menge ist das schon rein zeitlich nicht möglich, selbst wenn diese relativ ist.

Zeit ist die kostbarste Ressource, über die wir verfügen, außer vielleicht Wasser. Ein verdurstender Mann in der Wüste wünscht sich wohl kaum noch mehr Zeit dort. Eher fragt er sich, warum er durstig im Sand herumsitzen muss, nur um als mittelmäßiges Fallbeispiel zu dienen.

Verzeihen Sie mir die unnötigen Einschübe, aber sie gehen mir leicht von der Hand und sparen damit, was ich nicht weiter verschwenden möchte: Zeit. Denn das ist immer die Quintessenz jedes Textes über Zeit, sie ist simpel, sie ist bekannt, und ich weise hier noch mal darauf hin, dass mehr nicht kommen wird. Denn man kann kaum mit einem Text über die Zeit überraschen. Man kann kaum neue, kluge Erkenntnisse zutage bringen, denn das Erschreckende an der Zeit ist ja, dass wir alles über sie wissen. Wir verkaufen unsere Stunden, das nennt sich Arbeit, wir verschenken sie, das nennt sich Liebe, und manchmal verschwenden wir sie, das nennt sich Netflix. Wenn man zu viel Zeit hat, hat man Langeweile und den richtigen Job. Hat man zu wenig, wird man unglücklich und muss noch mehr arbeiten, um den Therapeuten zu bezahlen. Man weiß, dass nur die Zeit, die man sich nimmt, einem schlussendlich etwas gibt, und dass wir uns der Zeit immer erst bewusst werden, wenn sie auf das Ende hintaumelt, wissen wir auch.

Man weiß, dass Zeit kostbar ist, man weiß, dass sie vergeht, man ist sich relativ sicher, dass die eigene irgendwann ablaufen wird, auch wenn man nicht begreift, weshalb es gegen diese Unverschämtheit keine Online-Petition gibt. Es gibt viele Vergleiche von Geld und Zeit, in »Momo« handeln die grauen Herren mit ihr, und brüsk wird einem ein »Zeit ist Geld« entgegengeworfen, um achtjährige Turbogymnasien zu rechtfertigen. Je mehr Geld auf dem Markt ist, desto weniger ist es wert. Je mehr Jahre wir schon verlebt haben, umso kürzer kommt uns ein einzelnes vor. Zeit ist also, genau wie Geld, der Inflation unterworfen.

Gleichzeitig aber kann Zeit immer effizienter genutzt werden. Der Zeitsoziologe Hartmut Rosa schreibt, die Geschwindigkeit der Kommunikationsübertragung habe seit Beginn der Industrialisierung um das 107-Fache zugenommen, die Transportgeschwindigkeit um das 102-Fache. Es ist also möglich, sehr schnell Bescheid zu geben, dass man leider keine Zeit für etwas hat, das man sehr schnell schaffen könnte.

Die Zeit vergeht immer schneller, wir versuchen weiter, sie einzuholen. Das weiß man. Das ist der moderne Lebenslauf. Geburt, Schule, Arbeit, Burn-out, Ayurveda-Auszeit in Indien und Bikram-Yoga-Kurse in Berlin-Mitte.

Am Ende ist man erschöpft, japst »Entschleunigung!«, isst Slow Food extra langsam und bekommt dafür doch keine Gratisminuten. Man meditiert morgens und hat ein schlechtes Gewissen dabei, weil man in der Zeit auch locker die ersten Mails abgearbeitet haben könnte. Die Zeit ist gegen einen, egal, wie tief man in den Bauch atmet, und erst, wenn einem dieser Gedanke keine Angst mehr macht, hat man sie besiegt.

Man weiß alles über sie, die Zeit, und trotzdem ist unser Umgang damit so wahnsinnig leichtsinnig, dass wir rührende John-Green-Bücher über krebskranke Jugendliche benötigen, um uns wieder daran zu erinnern, wie kostbar sie ist. Dass Zeit nie verschwendet ist, wenn sie verschwendet wird, wissen wir, und dass sterbende Menschen bereuen, zu viel Zeit mit der Arbeit verbracht zu haben, wissen wir auch. Doch obgleich man immer Zeit dafür findet, darüber zu reden, dass man keine hat, fehlt im Alltag jedes Bewusstsein dafür, wie grauenhaft das stimmt.

Doch solange das Wissen um die Zeit nur theoretisch und nicht emotional bewusst wird, verschleudern wir sie eben. Im Gegensatz zu Geld droht keine Mahnung, die Rechnung ist sofort bezahlt, und ob man sich zu Tode arbeitet oder die Tage besinnungslos im Internet verspult, rächt sich erst im Nachhinein. Ohne Bewusstsein für das Jetzt ist Heute immer nur eine unverschämte Erwartungshaltung an Morgen. Und Morgen hält selten, was es verspricht. Meistens vertröstet es nur, guckt einen mit großen Augen an und verweist scheinheilig auf den nächsten Tag. Und jedes Mal glaubt man ihm. Jeden verdammten Tag. Doch wenn man aufhört zu glauben, dass eine Stunde eine Stunde ist, sondern eher immer jetzt, verliert sich die Angst etwas. Denn obwohl eine Stunde 60 Minuten hat, obwohl es 2015 ist und nicht für immer sein wird, ist jetzt für immer jetzt, und das stimmt erst, wenn man es glaubt. Man weiß alles über die Zeit. Man kann den Zitaten nichts hinzufügen. Man kann sich nur ab und an daran erinnern.

Warum das
Alter egal ist

»Ach«, seufzt eine Alte, »ich wünschte, ich wäre nicht so alt.«
Und die jungen Leute schauen die Alte dann an und sagen
etwas Freundliches, so etwas wie: »Aber Sie sind doch gar
nicht alt!« Oder: »Ein Vogel wollte Hochzeit machen.«

Dann gehen die jungen Leute nach Hause und setzen sich
verdrossen ein Partyhütchen auf, weil sie noch nicht alt sind,
und die Alten gehen nach Hause und schreiben mit zitternder
Hand Briefe mit Tinte an andere alte Leute, in denen steht, dass
sie kein E-Mail wollen, sie hätten schließlich schon Rheuma
und irgendwann reiche es mal.

So weit, so Klischee, darauf hat man sich geeinigt, es gibt
also »jung« und »alt«. Was das bedeutet, ist im Konkreten völlig unklar. Konsens scheint, dass jung tendenziell besser ist.
Man kann, wenn man jung ist, alberne Sportarten wie Wasser-
skifahren oder Slacklinen betreiben. Wenn man hundert ist
und auf einem Seil tanzt, kommen sofort die Journalisten und
umkreisen einen wie Schmeißfliegen und schreiben Artikel,
in denen viel »oho« und »Wahnsinn!« vorkommt.

Man hat sich darauf geeinigt, dass den Alten die Welt gehört
und den Jungen das Versprechen, dass ihnen die Welt gehören
wird. So viel scheint klar. Dabei kann doch niemand genau
sagen, was »jung« und »alt« bedeutet.

Man kann drei putzmuntere Jahre auf der Welt sein, und auf
einmal bekommt man ein reizendes Schwesterchen und ist
plötzlich »die Ältere«. Im nächsten Moment möchte man als

CEO bei Unilever einsteigen, und schon wird einem gesagt, man sei mit drei noch zu jung dafür. Das Alter ist ein Ärgernis, egal, wie oft man schon die Sonne umkreist hat.

Doch obwohl das Alter eine recht redundante Geschichte ist, macht es ständig Furore:

»40 ist das neue 20!«, »Warum wir nicht mehr älter werden«, »Jugendwahn macht krank!«, »Überalterung der Gesellschaft«: kaum ein Tag, an dem das Alter und das Altern nicht beweint, zögerlich gefeiert oder sehr kritisch beäugt werden, in Essays, in Talkshows, in Romanen.

Das Alter ist omnipräsent, ständig ist man zu jung für Tabakkonsum oder zu alt für Vierlinge. Man soll schließlich seinem Alter entsprechen. Was das eigentlich heißt, weiß keiner. Man einigt sich vorsichtig darauf, dass die erste Hälfte der durchschnittlichen Lebenserwartung »jung« heißt und die zweite Hälfte »alt«. Selbst das ist vage, ganz sicher ist nur, dass es nicht andersherum ist.

Auch Google zuckt nur die Schultern, wenn man herausfinden möchte, was »jung« und »alt« denn nun bedeuten. Am Ende ist keiner und jeder jung, und niemand und alle sind alt.

Trotzdem wird man ständig darauf festgenagelt. Das kalendarische Alter ist wichtiger Faktor in der Einschätzung von Kompetenz, Gesundheit, Lebenserfahrung. Und das, obwohl jedem fast der Hut vor lauter Nicken vom Kopf fällt, wenn man sagt, dass das geistige Alter wenig mit dem kalendarischen gemein haben muss.

Ist man mit 75 alt?

Die Alte vom Anfang des Textes schüttelt den Kopf: »Ich bin noch gar nicht alt! Ich fühle mich wie 25!«

Ach, so kann man keinen ordentlichen Artikel schreiben. Das Alter ist ein unkooperatives, schwammiges Sujet.

»Vielleicht«, die Alte guckt hämisch, »bist du einfach noch zu jung dafür.« Sie guckt aus dem Fenster. Sie hat mal ein

Buch gelesen, in dem stand, dass alte Frauen aus dem Fenster gucken. Keine Amsel fliegt vorbei, obwohl das so hübsch in die Szene passen würde.

Immerhin, sie hat einen Punkt. Man weiß selten, ob jemand jung oder alt ist, sehr wohl aber immer, ob andere zu jung oder zu alt für dieses oder jenes sind.

»Wie alt bist du?« Ständig wird Kindern diese dämliche Frage gestellt. Das bietet sich ja auch an, um einzuschätzen, ob das Kind schon den Wirtschaftsteil der Zeitung liest. Eine klare Frage, eine klare Antwort. Und weil das Kind Mitleid mit dem Erwachsenen hat, zupft es brav vier Finger aus der Faust.

Das kalendarische Alter ist viel zu wichtig geworden. Mit sechs eingeschult, mit 16 das erste legale Bier getrunken, mit 19 das erste Studium begonnen, einschätzbar, absehbar. Dabei macht nicht die Anzahl der Jahre alt, sondern der Inhalt derselben. Es gibt sehr alte Sechzehnjährige. Es gibt sehr junge Mittfünfziger.

Nehmen wir an, niemand wüsste sein Alter. Man war mal Kind, dann junger Erwachsener, dann lange irgendwas, vielleicht stirbt man am Ende. Man würde eingeschult, wenn man lesen lernen möchte, und studieren, bis man denkt, man habe genug studiert, nicht bis man denkt, man habe jetzt mal das Alter erreicht, in dem man das erste von vielen unbezahlten Praktika absolvieren sollte. Man wäre irgendwie alt, so wie man irgendwie intelligent oder liebevoll ist.

Für Charme gibt es schließlich auch keine Maßeinheit, trotzdem kann man ganz gut abwägen, ob man sich gerade mit einer Scheibe Toast unterhält oder nicht. Menschen sind keine Flasche Bordeaux, bei der sich Qualität durch den Jahrgang auszeichnet. In der Form erinnern sie eher an knubbeliges Wurzelgemüse.

Es sollte uns nicht kümmern, wie alt wir sind. Das Alter

steht da, tut ganz entschlossen und brüllt doch jedes Jahr eine andere Zahl, um den gleichen Menschen zu beschreiben.

Es ist nicht zärtlich, ein Alter zu haben. Es setzt nur unter Druck, weil es dem Alter entspricht, ein Kind zu zeugen, man ist ja schon 34, los, in Rente gehen, jetzt. Aber das ist nicht echt.

Man merkt auch ohne konkrete Zahl, wann es an der Zeit ist, ein Kind zu bekommen. Man weiß auch ohne Renteneintrittsalter, ob man noch Vorstandsvorsitzende sein möchte. Man ist nicht mit 40 zu alt für Miniröcke, sondern wenn man sich kritisch im Spiegel anschaut und denkt:»Ich glaube, dieser Minirock steht mir weniger gut als das rattengraue Kostüm. Ich werde mich umziehen.« Genau dann ist man zu alt für Miniröcke. Du bist nicht 40, du bist hinreißend, und du rauchst schön.

Das kalendarische Alter entmündigt und entmenschlicht und täuscht eine Gleichheit vor, die es doch überhaupt nicht gibt. Es trompetet herum, man sei viel zu jung für den Menschen, den man liebt, oder viel zu alt für die Reifenschaukel. Dabei kann man für Reifenschaukeln nicht zu alt, sondern nur zu schwer sein.

Ich fordere nicht die Leugnung des Alterns, sondern ein Nachdenken darüber, ob man das Alter als Kategorie wirklich braucht, eine theoretische Revolution in den Köpfen, um dem kalendarischen Alter schlussendlich eine etwas kleinere Rolle zuzugestehen. Ich plädiere für die mentale Emanzipation von einer Ziffer, die vorgibt, uns Orientierung zu geben, und die uns letztlich uns selbst entfremdet.

Die Zeitungen sind voll mit empörten Artikeln von Leuten, die unter wahnsinnigem Druck stehen. Von Studierenden, die das Gefühl haben, sie müssten gleichzeitig einen Master und ein Baby kriegen, denn es wird als große Errungenschaft gesehen, vieles jung erreicht zu haben. Es ist ja auch verlockend, denn Zahlen geben Halt. Mit 18 Physik-Nobelpreisträger – klingt gut.

»Obwohl er erst so jung ist!«, wird da geraunt. Dabei ist der Achtzehnjährige vielleicht einfach ein sehr helles Köpfchen. Man sollte lieber jemandem anerkennend zunicken, der es geschafft hat, Physik-Nobelpreisträger zu werden, obwohl er sehr dumm ist. Es ist viel schwieriger, als dummer Mensch erfolgreich zu sein denn als junger Mensch.

Was für ein Irrsinn, den Erfolg des eigenen Lebens immer im Verhältnis zu verlebten Jahren zu vermessen!

»Wie alt bist du?«, wird man zackig gefragt. Die richtige Antwort ist nicht zackig. Die richtige Antwort wäre sehr kompliziert, und man bräuchte einen Gesprächspartner, der schräg in die Luft guckt und sagt: »Ich würde mich als guten Zuhörer beschreiben.«

Denn anstatt etwa »21« zu antworten, sollte man eigentlich tief Luft holen und sagen: »Ich habe genug Lebenserfahrung gesammelt, um eine stabile Beziehung einzugehen, aber nicht genug, um zu heiraten. Ich bin alt und jung genug, um die ganze Nacht in Clubs zu elektronischer Musik zu tanzen. Manchmal bin ich noch sehr albern, vor allem wenn ich getrunken habe. Ich verliebe mich heftig, denn mein Herz wurde noch nie gebrochen. Gegenüber radikalen Thesen bin ich noch sehr aufgeschlossen, denn ich bin jung genug für Pathos und noch nicht alt genug für die CDU. Ich bin alt genug, um jeden Morgen mürrisch aufzustehen und zu einer Arbeit zu fahren, die ich hasse, das wäre mir als Kind nie eingefallen.«

Das wäre eine Antwort, die sich wirklich daran versucht, einzuschätzen, wie alt man ist. Eine andere richtige Antwort wäre: »Alt genug, um gesiezt zu werden, Sie Rüpel.«

Das Geburtsjahr sagt gar nichts, außer welches chinesische Sternzeichen man hat. Was uns berechtigt, Starfotograf zu werden oder einen Airbus zu fliegen, sind Lebenserfahrung, Ausbildung und eine Menge anderer Wörter, die auf -ung enden. Das kalendarische Alter versucht hilflos, all das in einer Zahl zusammenzufassen, und zappelt dabei mit den viel zu kurzen Beinen. Trotzdem lässt man sich von dieser Ziffer umgarnen oder unter Druck setzen. Beides ist falsch.

Es fordert Gelassenheit, sich von dieser Zahl nicht fertigmachen zu lassen. Aber man darf vor den Dingen, vor denen man Angst hat, keine Angst haben. Wenn man genau hinschaut, ist das Alter ein Scheinriese und bei näherem Hingucken sehr klein und sehr unbedeutend, und es zetert leiser, wenn man nicht hinhört.

Frau Merkel ist einsam

Es ist ein schöner Tag im August, und Frau Merkel ist einsam. Sie hat das Gefühl gründlich untersucht, in kleine Häppchen unterteilt und beäugt und ist sich sicher: Nein, sie ist nicht allein, sie ist einsam. Sie ist nicht die »weltkleinste Polonaise«, wie sie sich noch im vergangenen Jahr getröstet hat. Sie ist kein »erfolgreicher Ein-Mann-Betrieb«, kein »sehr, sehr exklusiver Zirkel« und schon gar keine »winzige Jugendbewegung«, denn Frau Merkel ist 64 Jahre alt, und selbst wenn sie sich ein Beispiel an der Berliner Altersverneinung nehmen würde, in Nike-Turnschuhen herumspazieren und unbekannten Base-DJs lauschen würde, jung ist Frau Merkel nun wirklich nicht mehr, und das mit der Bewegung klappt auch nicht mehr so gut, die Hüfte.

Frau Merkel hat eine lange Liste mit Dingen, die sie nicht mehr ist, sorgsam hat sie jedes Adjektiv durchgestrichen, das nicht auf sie zutrifft: agil, hochintelligent, offenherzig. Übriggeblieben sind: einsam und gut-im-Automarken-Erkennen und Sudoku-begeistert, aber das interessiert niemanden mehr, wenn man einsam ist.

Wenn sich Frau Merkel in ihrer Wohnung umschaut, stieren höchstens ein paar Möbel zurück, charmant in die Augen schauen können Möbel nun mal nicht, vor allem keine Billy-Regale. Wenn Frau Merkel schnarcht, haut ihr keiner wütend auf die Nase. Wenn sie in Ruhe lesen will, liest sie in Ruhe, und nur die Ruhe stört sie irgendwann beim Lesen. Selbst bei

»dass / das«-Fehlern korrigiert niemand Frau Merkel, denn sie hat keinen Facebook-Account.

Das Einzige, was Frau Merkel ab und an passiert, ist, dass ein Briefträger sie aufgrund des Nachnamens mit der aktuellen Bundeskanzlerin verwechselt, aber Briefträger wechseln in Frau Merkels Stadt sehr selten den Beruf, also kann sie nur alle paar Jahre mal Postzustellern zulachen: »Ja, schreibt man gleich, aber man kann uns daran auseinanderhalten, dass diese Frau Merkel korrigiert wird, wenn sie ›dass / das‹-Fehler macht, und bei mir kümmert sich keine Sau darum!«

Frau Merkel hat keinen Mann, denn darum hat sie sich nicht früh genug gekümmert. Es könnte auch daran liegen, dass sie eine bösartige, selbstgerechte Frau ist, ich kenne Frau Merkel schließlich nicht, dann wäre sie ja nicht mehr einsam.

Frau Merkel mag die Einsamkeit nicht besonders, aber diese hängt offensichtlich an ihr. Sie hat oft versucht, etwas dagegen zu unternehmen, Bridge spielen, Kochkurse, aber meistens hatten diese Aktivitäten mit Menschen zu tun, das Einzige, was sie als noch unangenehmer empfindet als ihre Einsamkeit. Einmal, vor vielen Jahren, hat jemand geklingelt, ein Mädchen mit drolligen Haaren. Das Mädchen sagte: »Sind Sie einsam? Wir können helfen!« Aber da hat Frau Merkel dann doch geargwöhnt, was das soll, denn Leuten, die einem aus der Einsamkeit helfen wollen, das weiß sie genau, ist nicht zu trauen.

Über das Wenig-Wissen

Ich bin ungebildet. Das gebe ich ganz unbedarft zu, denn erstens liest kein Mensch mehr Bücher, dieses Wissen wird also nie von twitternden Uni-Zeitungs-Redakteuren weitergegeben, und zweitens ist Zugeben gerade in. In den USA hat man diesem Phänomen einen Namen gegeben: New Sincerity. Die jungen Literaten dort schreiben also ganz offen über ihre Traurigkeit und sezieren ihren Seelenmüll. Es geht viel um Sex und dass alles keinen Sinn ergibt.

»Das tun Literaten aber doch, seit ihnen jemand einen Stift in die Griffel geschoben hat«, moniert da sicher einer, oder vielleicht auch keiner, denn wer soll hier schon groß widersprechen, ich bin schließlich ein Text in einem Buch und kein dahergelaufener Blogpost, der mit Kommentarfunktion zum Widerspruch einlädt.

Auch in Zeitungen wird gerne zugegeben: Mütter geben zu, dass sie ihre Mutterschaft bereuen, und Leute schildern auf vielen Seiten, wie sie in die Depression gerutscht sind. Ob der Grund dafür allerdings eine Mutter ist, die ihre Mutterschaft bereut, steht da nicht drin. Leute sprechen offen über die eigene Fehlbarkeit und das Hadern darüber oder die Fehlbarkeit der anderen und das Hadern darüber. In diesen Artikeln steht selten ein Vorschlag zur Besserung, es wird wenig Kritik geübt, eigentlich steht da nur: Mit geht es schlecht, und ich stehe auch dazu.

Mir geht es auch oft schlecht, und auch mich grämt eher der

Zustand an sich, als dass ich mich deshalb für einen grund-schlechten Menschen gehalten habe. Ein bisschen sicher, aber ein bisschen schlecht gehört zu einem ordentlichen Mensch-sein dazu, ob man nun seine Mutterschaft bereut oder Taxi-fahrern kein Trinkgeld gibt. Mittlerweile grämt mich zusätz-lich, dass ich das Zugeben nicht früher für mich entdeckt habe. Auch mein junges Leben bietet genug Potential für Ein-ladungen in Prime-Time-Talkshows. Und damit man auch mir bald einen »unfassbaren Mut« zuspricht und ehrfürchtig die Augen daniederschlägt, hier ein paar völlig wahre Bekennt-nisse:

1. Ich war mal in Therapie

Ich finde die Aussage ähnlich uninteressant wie diese: »Du, Heinz, gestern wollte ich mir einen Döner holen, weißt schon, bei dem um die Ecke, wo sie auch so leckere Falafel machen, und da steh ich da so in der Schlange und will so bezahlen, einen Döner mit Schafskäse hatte ich, und dann denke ich so, huch, wo ist mein Geldbeutel, und dann war der irgendwie unter den Stoff in der Handtasche gerutscht, boah, da war ich erleichtert.«

Leute, die ich zu ausschweifenden Abendessen in meine Wohnung einlade, haben kein Problem damit, sich mit einem Magen-Darm-Infekt zu entschuldigen, um nicht in den Genuss meiner Kochkünste zu kommen. Dabei ist die Vorstellung mei-ner Freunde mit Brechdurchfall in jedem Fall eine unglamou-rösere als ein Mensch mit üblichen Mensch-Macken in einer schön aufgeräumten Therapeutenpraxis. Wenn man Depres-sionen, Panikattacken und ihre Konsorten als das, was sie sind, begreift, nämlich Dinge, die an einem nicht so gut funk-tionieren, wie sie sollten, ist diese Aussage allerdings schon ganz schnell nicht mehr Talkshow-würdig. Also belassen wir die Menschheit lieber weiterhin in dem rührenden Glauben, derlei Krankheiten seien höchst mysteriös und sprächen wahlweise für einen besonders sensiblen Künstlertypen oder seien ein Problem von Leuten, die sich »einfach mal zusammenreißen sollten«.

2. Ich bin ungebildet

Das ist jetzt noch eine provokativere Aussage, damit kann man doch was anfangen.

Sich selbst als ungebildet zu bezeichnen, das ist noch frisch, neu und »herrlich schnoddrig«. Auf jeden Fall eine Verbesserung zu diesem Spruch von Gymnasiumabbrechern in der achten Klasse: »Ich bin nicht dumm, ich bin nur faul.« Das ist natürlich Unsinn, denn klug ist es meist, der Faulheit zu trotzen und sich, wenn schon nicht das ganze Reclam-Ding, zumindest den Wikipedia-Eintrag zu »Die Räuber« durchzulesen.

Dafür, dass ich ungebildet bin, kann ich eine ganze Menge. Das Internet nimmt einem sofort jede Entschuldigung, dumm wie ungetoastetes Brot durch die Stadt zu marschieren. Allerdings bietet einem das Internet auch unendlich viel Kram, die den Neorokoko und Effi Briest ganz schnell öde aussehen lassen. Aber immerhin habe ich gerade gegoogelt, wie man »Rokoko« schreibt.

Mein persönlicher Bildungsroman hat mit der Überreichung des Abizeugnisses geendet. Seitdem lerne ich stetig weniger neue Dinge. Ich beschäftige mich vor allem mit Sachen, die ich schon weiß, und jedes Mal, wenn ich verstehen möchte, was ein »Potentialtopf« ist, möchte ich dann doch lieber amerikanische Anwaltsserien schauen oder mich mit Eilmeldungen narkotisieren. Etwas richtig Neues »lernen« tue ich selten, meine physikalischen Grundlagen sind bedauernswert, literarische Klassiker lege ich meist nach 15 Seiten beiseite, und der Verlauf des Ersten Weltkriegs ist mir nicht detailliert bekannt. Interessant ist allerdings auch dieses Bekenntnis nicht, wenn man nicht noch den Dreh zur eigenen Generation hinkriegt. Hier also ein Statement für Menschen, die für »Statements« gutes Geld bezahlen: »Meine Generation ist ungebildet, pflegt kein Bewusstsein für die Vergangenheit und hat es sich in ihrer Selbstbezogenheit zu bequem gemacht.« Knaller.

Es gibt noch eine Menge anderer Geständnisse, die ich hier sehr lange ausführen könnte. Ich verbleibe aber nur mit einem letzten: Ich bin sehr, sehr arbeitsscheu.

Das Internet hat einen genauso schlechten Geschmack wie du

Weil ich kein besonders guter Mensch bin, habe ich bei Amazon eingekauft. Einen Schreibtisch. Den Schreibtisch habe ich, weil mein Steuerberater gesagt hat, man könne ein Bett nicht als Arbeitsplatz geltend machen. Ich wählte den Tisch nach den gleichen Maßstäben, die unsympathische Kerle bei Frauen ansetzen: Das Ding sollte möglichst billig und nicht völlig hässlich sein. Ich klickte durch einen Haufen Tische und packte jeden, der aussah wie ein schlechtes Duplikat eines teuren schwedischen Originals, auf meine »Wunschliste«.

Der Tisch sah am Ende aus wie ein schlechtes Duplikat eines teuren schwedischen Originals. Das war in Ordnung, er sollte ja nur still in der Ecke stehen und so tun, als sei er Arbeitsplatz.

Ich hatte genug von schlechten Duplikaten, löschte das Licht und schlief wohl nach dem erfolgreichen Tagwerk. In der Nacht träumte ich von Tischen. Sie waren überall. Am nächsten Tag träumte ich nicht mehr von Tischen, sie waren aber trotzdem überall. Plötzlich meinte Facebook, es sei dringend an der Zeit, mir ein schlechtes Duplikat eines teuren schwedischen Originaltisches anzuschaffen. Zwischendurch erwägt Facebook, dass ich mich vielleicht auch für schlechte Duplikate von schwedischen Originalstühlen interessieren könnte. Mehr nicht.

Das Problem an eigenen Leben: Sie werden langweilig. Man kennt sich seit einigen Jahrzehnten, man weiß, was man morgens frühstückt, wie oft man duscht, und was man gerne so anzieht. Im Prinzip ist man sich selbst der ödeste Beziehungspartner überhaupt, Schluss machen ist nicht, und mit der Selbstliebe klappt es auch nur, bis man aus Faulheit den Pfirsich in den Papierkorb statt den Restmüll wirft, und so eine hübsche Fruchtfliegenkolonie züchtet. Das war es dann mit Selbstliebe, nützt nichts, Viecher überall, da klatscht man höchstens noch Beifall, um die Biester zwischen den Handflächen zu zermalmen. So trödelt man also uninspiriert durch das Lebenssträßchen und hält sich nur selten damit auf, sich für rasend interessant zu halten.

Inspiration, Faszination, Spannung sind deswegen so vielversprechend, weil man nur im kleinen Rahmen selbst dafür sorgen kann. Trotzdem, und da liegt der große Fehler der personalisierten Werbung, gehen sämtliche Algorithmen davon aus, man fände sich ganz prima, wie man ist, und möchte höchstens noch ein wenig feinjustieren. Algorithmen sorgen dafür, dass man noch mehr der Mensch wird, der man schon ist.

Je klüger die Algorithmen werden, desto eindimensionaler wird das Ich. Je genauer sie wissen, was mich in der Vergangenheit interessiert hat, desto mehr sorgen sie dafür, dass ich mich auch in Zukunft für nichts Neues begeistern werde. Und was bei hässlichen Duplikaten von Möbeln höchstens dafür sorgt, dass mich die Redaktion von »Schöner Wohnen« nie nach einer Homestory fragen wird, wird spätestens bei Informationsalgorithmen bedenklich.

Ein besorgter Bürger, der Angst hat, dass die Islamisierung des Abendlandes quasi vor der Tür steht, wird auf YouTube nach Bestätigung für seine Ängste suchen. Ab da werden ihm nur noch Bestätigungen seiner Ängste vorgeschlagen. Er wird Videos sehen, in denen andere besorgte Bürger seine Sorgen für voll nehmen, er wird Verschwörungstheoretiker sehen, die mit kruden Statistiken belegen, warum seine Enkelin eigentlich schon mal einen Hidschāb aus ihrem Loop-Schal basteln kann. Er wird seine Ängste mehr und mehr bestätigt sehen, und sich diametral zu dem verhalten, was ein Therapeut einem Angstpatienten eigentlich vorschlagen würde: Konfrontation. Und weil das Bestätigen der eigenen Ängste plötzlich kein aktiver Vorgang ist, sondern durch Algorithmen übernommen wird, fühlt es sich plötzlich nach Realität an.

Zu sagen, man schaue gerne Fernsehen, ist heutzutage so cool wie ein falsch zusammengebauter Ikea-Stuhl. Man schaut da nämlich eine Menge Schrott, und überhaupt kann man sich Informationen ja selbst im Internet suchen. Der Mensch ist aber unglücklicherweise, ähnlich wie der Ikea-Stuhl, so dämlich zusammengeschraubt, dass er, bewusst oder unbewusst, vor allem nach Informationen suchen wird, die seine Annahmen bestätigen, und Algorithmen unterstützen diese schlechte Verkabelung.

Schaut man nämlich doch mal Fernsehen, bleibt man unter Umständen an einer Dokumentation über Meeresnomaden hängen. Das sind Menschen, die ihr Leben lang auf Booten leben. Das ist irre interessant, nur weiß man nicht, dass man das interessant findet, bis im Fernsehen außer »Schwiegertochter gesucht« nichts läuft und man bei Arte kleben bleibt. Das Internet unterbindet den Zufall, das Drüber-Stolpern. Je geschärfter das Profil des Konsumenten, desto enger das Angebot.

Jede aktuelle politische Diskussion, und vielleicht jede politische Diskussion jemals, ist eine Angstdiskussion. Doch Ängste sind gefährlich, wenn sie nicht mehr im Verhältnis zur tatsächlichen Bedrohung stehen, und noch gefährlicher, wenn sie dann nicht konfrontiert, sondern unterfüttert werden. Das ist schlichte Küchenpsychologie.

Eine große Verwirrung herrscht derzeit darum, was es bedeutet, Ängste ernst zu nehmen. Für die AfD bedeutet es, teils unbegründete Ängste für voll zu nehmen und symptomatisch zu behandeln. Mauern gegen Ängste. Grenzen gegen Ängste. Nimmt man eine Angst aber tatsächlich ernst, bedeutet das auch, sie zu untersuchen, bevor man ein Pflaster draufklebt.

Mensch! Ein lieber Doktor, der Menschen mit Sozialangst rät, am besten einfach zu Hause zu bleiben, ist kein guter Arzt! Er ist sogar ein sehr, sehr schlechter Arzt, denn vielleicht möchte der arme Patient nicht für den Rest seiner Tage seine hässlichen, schwedischen Möbelduplikate anstarren, sondern auch mal mit einem schönen Mann in einem Café sitzen und einen trinken. Kann doch sein!

Trotzdem ist das die Art, nach der Algorithmen funktionieren. Mit Interessen, mit Geschmack, aber eben auch mit Ängsten. Werde, wer du bist. Obwohl das unter Umständen gar nicht so toll ist, denn ganz so makellos ist der gemeine Mensch ja nicht, und man selbst schon gar nicht.

Wenn einem Algorithmen nicht nur hässliche Möbel, sondern Angst und Hass vorschlagen, kränkelt erst der Mensch, dann die Menschelei. Alles gefährlich. Alles voll hässlicher Möbel. Alles, was groß ist, und auch das ist so schrecklich bekannt, wohnt außerhalb von dem, was man schon kennt. Es sind die unerwarteten Wendungen, die überraschenden Fakten, die neuen Perspektiven, die unbetretenen Pfade, die sich gegen die Unannehmlichkeit des Daseins an sich stemmen. Der Weg dahin ist das Ausgesetztsein, das Probieren, das Konfrontieren.

Diese Erkenntnisse sind so alt, dass es eigentlich eine Unverschämtheit ist, dass sie ihren Weg in eine Zeitung gefunden haben. Und trotzdem scheint es, als handelten wir mehr denn je dagegen an. Als würden wir darauf programmiert, uns in Dauerschleife selbst zu bestätigen und bestätigen zu lassen.

Vielleicht stimmt das nicht. Vielleicht denke ich nur so, weil ich schon immer so gedacht habe und weil Google und Facebook es mir bequem damit machen, meine Befürchtung beständig zu bestätigen. Dieser letzte Satz hat mir übrigens deshalb Spaß gemacht, weil er ein Paradox ist, und Paradoxa (?) schätzt man, weil sie der eigenen Schlussfolgerung contra geben.

Wünschenswert wäre, wenn Facebook von meinem Kauf hässlicher Tische darauf schließen würde, dass mich Meeresnomaden im Indischen Ozean interessieren. Ich möchte, dass Amazon mir irgendwann schreibt: »Sie interessieren sich für deutsche Gegenwartsliteratur? Dann werfen Sie doch mal einen Blick auf diesen Toaster, der die Uhrzeit auf die Brotscheiben rösten kann.« Oder: »Sie haben einen hässlichen Tisch gekauft. Vielleicht interessieren Sie sich auch für die höchsten Termitenbauten der Welt?«

Aber noch ist der Algorithmus nur genauso klug und damit genauso ignorant wie ich. Nix Meeresnomaden. Lieber noch mehr hässliche Tische.

Wie wird man zum Menschenhasser?

Sie wären gerne Misanthrop. Natürlich wären Sie das gerne. Lassen Sie mich dabei behilflich sein. Denn Sie haben ja ganz recht mit Ihrer Sehnsucht nach Menschenhass. Wer die Menschen aufgibt, braucht keine Verantwortung mehr für sie zu übernehmen, da bleibt mehr Zeit für Kinobesuche.

Wer generell nicht mehr an das Gute glaubt, braucht sich nicht gegen die AfD auszusprechen, darf sich auf Behindertenparkplätze stellen und sich den ganzen Tag witzige Videos mit »Tagesschau«-Patzern reinziehen. Mit Ihrem Wunsch haben Sie einen ersten, wichtigen Schritt getan.

»Ich weiß«, pflichten Sie mir bei und fügen leise an: »Aber ich werde die Hoffnung einfach nicht los.« Ich verstehe. Sie Ärmster. Ihr Glauben an das Schöne im Menschen bereitet Ihnen sicherlich Unannehmlichkeiten, nachts plagen Sie moralische Sorgen, am Tag sind Sie damit beschäftigt, anderen Vorfahrt zu gewähren.

Vielleicht sorgen Sie sich auch um den Planeten. Und warum das alles? Weil Sie selbst im Dunkeln noch Licht sehen. Weil Sie sich nicht zu schade sind, zwischen »Game of Thrones«-Spoilern und geplatzten Einkaufstüten immer noch nach Lösungen zu suchen. »Ach«, seufzen Sie, während Sie den Müll trennen. Joghurtreste landen auf Ihrer Jeans. »Ich weiß ja, ich könnte jetzt auch gemütlich im Bett liegen und hasserfüllte Leserkommentare unter Artikel setzen. Stattdessen trenne ich Aludeckel von Pappbechern, damit meine Enkelkinder noch so etwas Ähnliches wie Luft atmen können, ich ahne ja, wie dumm das ist.«

Sie haben ganz recht.

Dass Ihre Enkelkinder ihre Zeit lieber mit dem iPad als mit Ihnen verbringen, reicht offensichtlich nicht, um Sie zum Misanthropen zu machen. Selbst bei brennenden Flüchtlingsheimen denken Sie vermutlich zuerst daran, wie man helfen könnte, anstatt sich vor dem Fernseher in Ihrem Menschenhass bestätigt zu fühlen. Das muss anstrengend sein.

Sie wissen nicht mehr weiter. Ihr Glaube an das Gute im Menschen ist anhänglich wie ein Abszess, wahrscheinlich sind Sie schon früh mit Moral oder Liebe in Berührung gekommen, davon nährt sich Hoffnung oft jahrelang.

Anstatt auf Partys Komplimente für Ihr Vier-Euro-Shirt von Primark zu bekommen, hinterfragen Sie lieber die Produktionsethik großer Konzerne und wundern sich, warum Sie am Ende alleine heimgehen.

Sie sind so müde.

Sie möchten nicht mehr helfen, nicht couragiert sein, und vor allem wollen Sie keine schimmeligen Joghurtreste mehr auf Ihrer Jeans. Schluss mit den Unicef-Spenden und der kritischen Auseinandersetzung mit Themenkomplexen: Sie wollen endlich hämische Tweets absetzen. Misanthropie könnte Ihnen die Tür zu einer schönen neuen Welt öffnen. Sie könnten strahlen vor Schadenfreude, anstatt sich mit Mitgefühl zu quälen. Sie müssten sich nicht mehr durch Parteiprogramme quälen, als Misanthrop wüssten Sie, dass eh alle Politiker grundböse sind und nur Schlechtes im Sinn haben.

Vorbei die Zeiten, in denen Sie nachts über Gerechtigkeit nachgrübeln, stattdessen würden Ihre Mitmenschen Sie künftig als »herrlich zynisch« beschreiben.

Vielleicht wäre sogar eine Karriere als mittelmäßiger Polit-Kabarettist drin! Sie könnten oft Sätze sagen wie »Aber den Glauben an die Menschheit habe ich eh verloren«, und dann würden alle grimmig lachen, denn den Glauben haben die anderen auch längst verloren, und am meisten lacht man hierzulande, wenn man sich einig ist. Wäre das nichts?

»Aber noch macht es mir mehr Spaß, meinem Nachbarn beim Reifenwechsel zu helfen«, flüstern Sie verschämt. Meine Güte. »Ich habe ja schon so viel versucht«, wimmern Sie. »Ich habe mich bei Tinder angemeldet. Ich habe Abgaswerten vertraut, ich habe in Telekom-Aktien investiert. Und trotzdem glaube ich noch an das Gute im Menschen.« Sie heben den Kopf, nur ganz leicht: »Sehen Sie, die ersten Kirschblüten.« Ihnen ist wirklich nicht mehr zu helfen. Völlig paranoid erkennen Sie in all dem Dunkel noch Freude, Liebenswürdigkeit und Schönheit.

Machen Sie sich doch kaputt damit! Sie Trottel haben immer noch nicht kapiert, dass nur Hoffnungsvolle enttäuscht werden, dass all Ihre Bemühungen am Ende nichts bringen werden. Sie wissen genau, dass nur Ihre Menschenliebe Sie von all den Bequemlichkeiten da draußen fernhält, und bleiben trotzdem dabei. Sie Ignorant. Ihnen ist nicht mehr zu helfen. Sie ahnen, dass ich recht habe. Ist Ihnen nicht klar, dass wir am Ende sowieso alle sterben werden? Was machen Sie da eigentlich?

»Ich ziehe meine Frage zurück«, entgegnen Sie mir lächelnd. Was soll das? Lassen Sie gefälligst die Frage los! Loslassen! Ich bin Misanthrop, ich habe doch kein anderes Thema, alles andere habe ich längst verloren, vor Jahren schon, kommen Sie, bitte, ein bisschen noch, Erbarmen, ich zitiere auch nie wieder Schopenhauer, ich habe doch sonst nichts, ich will nicht zurück ins Kabarott, alles nur das nicht, das Primark-Shirt kratzt wie die Hölle, bleiben Sie doch, bleiben Sie!

Angst vor Kunst

Ich habe Angst vor moderner Kunst. Das ist wenig originell und weitverbreitet. Vor weißen Leinwänden mit dem Titel »Not another day in system two« zu stehen, gibt mir das gleiche Gefühl wie ein Japanurlaub: Ich verstehe nichts, alle anderen scheinen die fremde Sprache zu beherrschen. Weil Vorurteile dazu da sind, sie mit voller Kraft zu zerschmettern, besuche ich das Gallery Weekend in Berlin.

Die kluge Kunstkritikerin, mit der ich mich verabredet habe, erwartet mich schon am Eingang. Heute beginnt der große Galerierundgang. Und da ich keine Ahnung habe, habe ich die kluge Kunstkritikerin. Wir stehen vor dem Bunker eines bekannten Sammlers. Ich weiß nichts über ihn, aber ich bin generell schnell beeindruckt von Leuten, die sich Bunker kaufen.

Wir sind etwas zu spät, drängeln uns zu den anderen Journalisten und hören dem Sammler bei der Eröffnungsrede zu. Auch Möbel seien für ihn Kunst, scheppert seine Stimme aus einer kleinen, tragbaren Box. Dann sagt er noch, dass Berlin eine interessante Stadt für Kunst sei. Gegen Ende erwähnt er, er sammle asiatische Kunst, weil er selbst auch so klein sei. Niemand lacht. Darf man vielleicht nicht in der Kunstszene. Macht aber nichts, denn dafür darf man drängeln, auch schön. Hm, Körper.

Der Bunker ist eng, die Seelen einsam, aneinandergepresst geht es hinab in einen kleinen Kellerraum. Es ist stockfinster, keine Fenster, gerappelt voll, zur Beruhigung John-Cage-Klänge. »Atmosphärisch«, flüstert eine Stimme neben mir, und das stimmt, wenn sie die Atmosphäre eines steckengebliebenen Fahrstuhls meint. Ich will raus. Die Kunstkritikerin ist schon weg.

Bislang ist diese Führung eine verkappte Konfrontationstherapie für Klaustrophobiker. Ich beschließe gerade, den Sammler aus tiefem Herzen zu hassen, als sich die Gruppe weiterschiebt in einen riesigen Saal. Luft, atmen. Vor lauter Erleichterung finde ich alles darin schön. Asiatische Skulpturen mit riesigen Ohrläppchen, schön. Fotos von SM-Szenen, wunderschön. Eine steinerne Bank, unglaublich. Ein Bettgestell, sagenhaft. Noch eine steinerne Bank, das ist der beste Tag meines Lebens. Ein kritisches Urteil fälle ich lieber nicht, ich bin zu dankbar, nicht in einem Raum mit lauter Kunstjournalisten erstickt zu sein.

Mit dem Taxi geht es weiter zur Redaktion des Kunstmagazins »Blau«. Die kluge Kunstkritikerin ist mir nämlich schon wieder entwischt, aber so klug ist sie dann doch nicht, dass ich sie nicht aufspüre. Ich nötige sie, eine Galerie mit mir zu besuchen, sie wehrt sich mit Händen und Füßen, aber schließlich führt sie mich mit verweintem Gesicht zu einer Galerie in der Fasanenstraße. Dort sind Bilder von Wolfgang Tillmans ausgestellt, in großen und kleinen Formaten hängen Fotos von seinem Atelier an den Wänden, manche klar strukturiert, manche chaotisch, aber zu jedem fällt mir ein Adjektiv ein, keines lässt mich so hilflos zurück, wie ich es erwartet hatte.

Ich bin sehr erleichtert, dass ich meiner Begleitung zu keinom Zeitpunkt zuraunen möchte, »dass ich das als Dreijährige genauso gut hingekriegt hätte«. Also als Dreijährige mit eigenem Fotostudio, Spiegelreflexkamera, großzügigem Mäzen und Kunstverstand.

Sie scheint darüber auch erfreut zu sein und traut sich sogar,

mir den Künstler vorzustellen. Tillmans hängt gerade Poster
auf, sehr politisch, sehr klar gegen den Brexit. Ich starre ihn
wütend an. Wie soll man denn da so einen mittelmäßigen The-
sentext schreiben? Die Klage, dass die aktuelle Kunst unpoli-
tisch sei, ist auf jeden Fall dahin. Tillmans schaut freundlich
zurück, plaudert mit meiner Begleitung, diese hat Heimweh
nach den Redaktionsräumen, zwei Sekunden zu lange schaue
ich auf das »No Man Is an Island«-Plakat, schon ist sie wieder
weg.

Die kluge Kunstkritikerin kommuniziert jetzt nur noch via
SMS und schickt mich in die Galerie Max Hetzler. Dort stellt
der Brite Edmund de Waal kleine, weiße Porzellangefäßchen
aus. Es gibt auch kleine, schwarze Porzellangefäßchen und
kleine, zerbrochene Porzellangefäßchen. Diese stehen in Vitri-
nen, und ab und zu steht da mal keine, das ist dann eine Leer-
stelle und ein Bezug zu Walter Benjamin, erklärt mir der
Künstler. Seine Kunst sieht sehr hübsch aus. De Waal ist etwas
nervös, zieht oft den Ärmel über die Hand und ist der netteste
Mensch, dem ich bislang auf dieser mittelschönen Erde begeg-
net bin. Ich möchte mein Leben in seine Hände geben, zwölf
Kinder mit ihm und nie wieder von seiner Seite weichen, aber
er sagt, dass er das lieber nicht wolle, er wolle lieber mit Blei-
stift Wörter an die Wand schreiben. Es ist zum Verzweifeln. Er
erzählt mir von den kleinen, weißen Gefäßen, ich kuschele
mich an seinen grauen Pulli, und wenn der letzte Satz nicht
gelogen wäre, würde ich nicht diese Kunstreportage schreiben, sondern wäre längst mit ihm irgendwo in Cornwall.

Die kluge Kunstkritikerin hat versprochen, sie melde sich um
sechs. Es ist Viertel nach sechs, mein Handy starrt mich stumm
an, ich schaue ratlos zurück. Ich fahre zum Schinkel-Pavillon
und schaffe es innerhalb von drei Minuten, mich im Treppen-
haus einzusperren, zusammen mit einem unglücklichen Mann,
der dringend zum Yoga muss. »Wann geht das denn los, ich

muss in einer Stunde zum Yoga«, sagt er. Ich antworte, in einer Stunde, und er schaut noch unglücklicher. Irgendwann geht es dann doch los. Nach Fotografie, Installationen und Bildhauerei nun also Performance. Das junge Publikum steht um einen weißen Klotz herum. Ein Mann tanzt um den Klotz und schwingt seinen künstlichen Pferdeschwanz. Im Hintergrund läuft eine Tonbandstimme, in der eine Frau penetrant oft fragt: »Is this desire?« Sie sagt es sehr langsam. Als sie zum fünften Mal fragt, gehen die Ersten. Wohl doch kein Desire.

Ich erinnere mich wieder daran, warum ich Performances meide. Ich komme mir bei Männern, die weiße Klötze umtanzen, um »den Begriff der Kollaboration in Frage zu stellen«, wahlweise beschränkt vor oder unterstelle den Künstlern, dass sie mich verarschen. Es ist die Kunst, vor der ich den ganzen Tag Angst hatte, Kunst, die nicht »Kollaboration in Frage stellt«, sondern mir schlicht das Gefühl gibt, der letzte Dorftrottel zu sein. Is this desire? Ich setze mich an die Wand. Is this desire? Der Künstler schlägt seinen Kopf hin und her. Is this desire? Mein Bier ist fast leer. Is this desire? Ich vermisse Edmund de Waal und seine Porzellangefäßchen. Is this desire?

Wenn man wirklich nicht weiß, ob das nun Desire ist oder nicht, gibt es in jeder Galerie weiße Zettel, auf denen sich die Künstler erklären. Dort steht dann etwa: »Mit seiner Installation ›I am not a tiny table. I am not your tiny table. Why would I be your tiny table. Fuck tiny tables anyways‹ eröffnet der Künstler einen Dialog zwischen Material und Prozess. Die Begriffe des Werdegangs werden dabei neu kontextualisiert, um die Koexistenz von Raum, Werk und Künstler in Frage zu stellen.«

Es ist sehr wichtig, einen Dialog zu eröffnen. Jeder weiße Zettel, den ich heute gelesen habe, versprach einen Dialog. Ohne Dialog kannst du es vergessen in der Kunst. Und immer schön hinterfragen. Das mögen die Leute.

Ich laufe die Treppen hinunter zur zweiten Performance. Eine Menge Musiker sitzen im Raum verteilt, bearbeiten ihre Instrumente und haben viele Gefühle. Das klingt ein bisschen wie der Soundcheck des Siegendorfer Jugendorchesters, vielleicht hat es aber auch einfach noch nicht angefangen. Erstaunlich viel junges Publikum drängt herein. Hinter mir bedauert jemand, sein Geschlecht nicht genau zu wissen. Es ist Mittwoch. Draußen scheint die Sonne. Drinnen eröffnet man Dialoge.

Es reicht jetzt. Ich versuche, die Kunstkritikerin zu erreichen. Diese Nummer sei nicht vergeben, flötet eine Stimme, ich bin traurig, fuck desire.

Besuch vom Tod

Heute Morgen um sieben saß der Tod bei mir. Auf meinem Bürostuhl. Er saß da nicht still, sondern drehte sich auf dem Stuhl in einer Höllengeschwindigkeit um sich selbst. Dabei rief er: »Hui!«

Klingt nicht nach Tod, war er aber. Man erkennt ja den Tod, wenn er da ist. Ich sagte auch »hui«, irgendwas muss man ja sagen, wenn der Tod plötzlich auftaucht.

Und es war ganz eindeutig der Tod: kantiger Schädel, zerfetztes Kleidchen, und die Sense zischte beim Drehen durch die Luft. Ich war genervt. Sieben Uhr morgens. Das ist nun wirklich zu früh für den Tod.

Ich mag den Tod nicht. Das ist etwas Persönliches. Der Tod ist ein bisschen wie die Angelina aus der 7b: Nimmt mir die Menschen weg, die ich liebe, sieht scheiße aus und hält sich für besser als der Rest.

Ich ignorierte ihn also erst mal. Ging erst mal in die Küche und überlegte, wie ich ihn loswerden konnte. Erst mal was Gesundes. Ich schmiss ein paar Bananen und so Superfood-Beeren aus Südamerika in den Mixer. Aus meinem Zimmer hörte ich den Tod kichern. Weil er sich von meinem Smoothie nicht rauswerfen ließ, bot ich ihm auch ein Glas an. Gast ist Gast.

Der Tod freute sich über den Smoothie: »Hm, lecker, oh, mit Goji-Beeren!!«

Mit beiden Händen hielt er das Glas, wie ein Dreijähriger,

59

und ähnlich viel kleckerte er auch, weil der Saft natürlich einfach durch das Skelett auf den Boden patschte.

»Oh«, sagte der Tod und guckte schuldbewusst.

»Macht nix«, sagte ich. Was soll man auch sagen.

Der Tod fing an zu jammern, das Stuhldrehen würde ihm jetzt gar keinen Spaß mehr machen, immer mache er irgendwas kaputt, und dann seien alle traurig, und der Boden hier, das sei doch sicher Echtholz, da verziehe sich bestimmt gleich alles von so einem Smoothie, was so ein Schaden wohl koste, und dass er mir das »auf jeden Fall« ersetzen würde.

»Ist nur Laminat«, sagte ich. Der Tod sah mich hoffnungsvoll an.

Dann erklärte er mir, er sei heute eh nur auf Besuch, war gerade in der Gegend, zwei Häuser weiter sei ja das Kreiskrankenhaus, da dachte er mal, er schaue auf einen Sprung vorbei. Um mich an die »wichtigen« Dinge zu erinnern. Er versucht, das »wichtige« sehr ernst zu betonen.

»Okay«, sagte ich, und was denn so wichtig sei.

Der Tod zuckte die Schultern, das wisse er nun wirklich nicht, mit Leben kenne er sich nur so mittelgut aus, meistens reiche einfach seine Anwesenheit, und plötzlich wisse man, was wirklich wichtig ist. Ihm persönlich bereite Einradfahren und für Freunde kochen viel Spaß, aber da sei ja jeder anders.

»Aha«, sagte ich.

»Und?«, sagte der Tod.

»Was?«

»Weißt du es schon?«

»Nee.«

»Jetzt?«

»Nee.«

»Jetzt??«

»Jetzt lass mich doch mal zwei Minuten nachdenken.«

Der Tod nickte unwillig und fragte, ob er solange wenigstens fernsehen dürfe. Die Wiederholung vom Spiel gestern. Ich schmiss ihm die Fernbedienung zu. Der Tod ist ein beschissener Fänger, das Ding flog gegen das Smoothieglas, tausend Scherben, und schon heulte er wieder.

Ich versuchte, ihn zu trösten, klopfte ihm auf die knochige Schulter, strich ihm über das kahle Köpfchen, aber er kriegte sich kaum noch ein. »Immer ich, wieso passiert mir das immer?«

Ich wusste es nicht, sonst passiert mir immer alles, ich hob den Tod hoch, ganz leicht war er, und trug ihn in mein Bett.

Da liegt er jetzt, ich lasse ihn schlafen, sitze solange im Wohnzimmer. Ich habe ihm versprochen, ihn gegen fünf zu wecken, da muss er weiter, an irgendeine Autobahnkreuzung, zwei Anhalter mitnehmen.

Ich bin sehr selten

Ich habe eine Podiumsdiskussion zum Thema »Artenschutz« organisiert. Schön Flyer gestaltet und alles. Ich habe auch ein Orga-Team. Die beiden Mädchen sagten gleich zu Anfang, sie wollten so genannt werden, und ohne Orga-Team nehme einen heutzutage kein Mensch mehr ernst.

Das Orga-Team sagt, sie stünden »echt voll hinter mir«, aber manchmal behaupte ich, schnell eine rauchen zu gehen, und belausche die beiden. Dann höre ich, wie sie über mich lachen und einander zuflüstern, Artenschutz sei ihnen eigentlich total egal, aber mache sich eben gut im Lebenslauf, und überhaupt solle ich mal was gegen meine Augenringe machen. So was höre ich dann. Rauchen tu ich natürlich schon lange nicht mehr, aber nicht wegen der Augenringe. Vielmehr habe ich Angst, beim Zertreten der Kippe aus Versehen auf eine seltene Tierart zu treten.

Mein Mann hat mich verlassen für eine Frau, der Artenschutz nicht so wichtig ist. An Sonntagabenden sitzen sie miteinander auf der Couch, trinken Rotwein und unterhalten sich nicht über den iberischen Luchs. Solche Dinge machen den beiden Spaß.

Ich beobachte die beiden nachts mit einem Fernglas, aber wenn mein Mann mich erwischen sollte, werde ich behaupten, nach Schleiereulen Ausschau zu halten, und ein bisschen stimmt das ja auch. Bisher hat mein Mann mich nicht erwischt. Seine neue Frau hat blitzende Augen, von denen wendet er den Blick nur selten ab, um mich bei etwas zu erwischen.

Familie habe ich keine, das liegt aber auch an mir, denn ich habe alle meine Angehörigen erstochen. Jetzt bin ich selbst die Letzte meiner Art. Ich bin jetzt sehr selten. Bei der Podiumsdiskussion werde ich ein bisschen davon erzählen, wie das so ist als direkt Betroffene. Vielleicht kommt ihr ja. Es gibt Schnittchen, für den kleinen Hunger.

Wo es schlimm ist

Nutte oder erfolglose Schauspielerin?

Ich wollte Glamour. Ich wollte auf eine Berlinale-Party gehen, auf der man ein bisschen guckt und hofft, sich irgendwann auch so ein schönes Cavalli-Kleid und so eine unschöne Kokainabhängigkeit leisten zu können.

Ich wollte, dass das eigene Leben auf einmal ein bisschen grau erscheint. Stattdessen ging ich auf die Movie-meets-Media-Party. Dort traf ich meine Begleitung, eine Produzentin, die Filme mit zu vielen Männern dreht. Das erklärt uns nämlich ein Mädchen am Einlass, auf dessen Bluse eine possierliche 50/50-Brosche steckt. Das Mädchen will vor allem, dass in Deutschland das Geschlechterverhältnis im Filmgeschäft ausgeglichen ist. Ich will vor allem Häppchen.

»50/50!«, ruft das Mädchen uns hinterher, und meine Begleitung, eine Filmproduzentin, die Filme mit zu vielen Männern dreht, sagt gar nichts, nimmt mich an die Hand und zieht mich weg.

Wir lassen uns mit schwarzen Einlassbändchen brandmarken, laufen über den roten Teppich, gucken ein bisschen unglücklich in die Kameras noch unglücklicher wirkender Boulevard-Fotografen und treten in den Ballsaal, was eindrucksvoller klingt, als es ist, was vor allem daran liegt, dass mehr Actimel-Hostessen als C-Promis durch die Hallen flanieren.

(Anmerkung: Dieser Text wurde zuerst in einer dicken Sonntagszeitung veröffentlicht. Die Veranstalter der Party fanden das aber gar nicht so lustig und schrieben der dicken Sonn-

tagszeitung böse Briefe. Es sei sehr wichtig, in Zeitungen die Wahrheit zu drucken, und in Wahrheit seien auf der Party mehr C-Promis als Actimel-Hostessen gewesen. Ich weise also an dieser Stelle darauf hin, dass ich mich von Zeit zu Zeit frech des Stilmittels der Hyperbel bediene.)

Meine Begleitung erzählt mir bei einem Glas Mojito mit Flüssigzucker, dass eine andere 50/50-Aktivistin ihr kürzlich ein Papier vor die Nase gehalten habe, auf dem alle Filme gelistet waren, die sie je produziert hatte, mit jeweiligem Geschlechterverhältnis. Eine mäßig erfolgreiche Filmproduzentin habe ihr vorgeworfen, sie wolle ja nur lieber mit knackigen, jungen Kerlen arbeiten. Meine Begleitung, eine Produzentin, die Filme mit zu vielen Männern dreht, findet das unverschämt und sehr unemanzipiert.

»Unverschämt und unemanzipiert! Wie die Stasi!«, sagt sie und beißt wütend in ihr Ziegenkäse-Ravioli. Ich bedaure kurz, dass sie nicht in einen Apfel beißt, es lässt sich sehr schlecht wütend in weichgekochte Nudeln beißen.

Die Party hat zwar wenig Glamour, dafür gibt es sehr viele Sponsoren. Auf den ersten Blick sehe ich einen Actimel-, einen Fiat- und einen Redbull-Stand. Ich will weder ein Actimel noch einen Fiat noch ein Redbull, laufe also mit meiner Begleitung durch den Saal, wir spielen etwas lustlos »Nutte oder erfolglose Schauspielerin«.

Das geübte Auge erkennt den Unterschied an der Garderobe, in unklaren Fällen helfen Verhaltensstudien: Wenn der unklare Fall seine Begleitung mit Träubchen und Nüsschen füttert und seine Begleitung »Täubchen« oder »Nüsschen« nennt: Prostituierte. Wenn der unklare Fall in jedem zweiten Satz das Wort »Projekt« fallen lässt: Schauspielerin. Meist wirken die Prostituierten weniger verbraucht.

Auf der Party gibt es zwei Smalltalkthemen: dass man ja eigentlich gar nicht herwollte und dass es hier Nutten gebe. Die meisten Frauen, die das sagen, gucken verächtlich, die meisten Männer, die das sagen, versuchen zumindest, verächtlich zu gucken, drehen sich dann aber doch lieber um, kurz gucken.

Ich trenne mich kurz von meiner Begleitung, einer Produzentin, die Filme mit zu vielen Männern dreht, und lasse mich willenlos von Fiat-Hostessen zum Glücksrad-Mädchen treiben. An einem Tisch stehen drei Herren, die sehr damit beschäftigt sind, deplatziert zu wirken. Ich stelle mich dazu, zünde eine Zigarette an. Seit zwei Stunden bin ich die Einzige in diesem Saal, die raucht, obwohl überall Aschenbecher verteilt sind.

»Wisst ihr, was das Beste an dieser Party ist?«, fragt der Herr, der viel Zeit in sein Haar investiert hat. Die anderen lassen die Augen wandern, immer wieder und egal, wohin man schaut, Actimel, Titten, Fiat, Brüste, Actimel, Ausschnitt, Asus, Ärsche, Actimel – Sie verstehen.

»Das Beste ist, dass sie hier keine Musik spielen.« Der Mann, der viel Zeit in sein Haar investiert hat, seufzt. »Sonst würden diese … Mädchen anfangen, in diesen … Kleidern zu tanzen.« Dabei malt er hektisch Anführungsstriche in die Luft.

»Es ist doch alles sehr trostlos«, erwidert ein anderer und guckt ein bisschen sein Glas an.

Ich laufe weiter, frage die Besucher, warum sie hier sind. Hier die Top 5 der meistgehörten Antworten meiner absolut nicht repräsentativen Umfrage:

1. Draußen war es kalt.
2. Es gibt hier umsonst Essen.
3. Draußen war es kalt.
4. Hab nur für diese Party eine Einladung.
5. Draußen war es kalt.

Ich werde ungeduldig, möchte endlich unterhalten werden, mich ärgert diese Party, die sich so beharrlich weigert, glamourös zu sein. Mich ärgert der Mojito, der hier mit Flüssigzucker zubereitet wird, mich ärgert die Ekstase, die hier durch Abwesenheit glänzt, mich ärgern die Männer, die selbstmitleidig an den Strohhalmen ihrer Actimels nuckeln.

»Es gehört sich doch auch einfach nicht«, sage ich zu einem verlebten Partygast, der stumpf auf seinem Plastikhalm herumkaut, anstatt sich eine Line auf dem Tresen zu legen. Ich stolpere wütend und betrunken von Tisch zu Tisch. Wenn man hier schon kein glücklicher Mensch werden kann, sollte man vielleicht wenigstens etwas Gutes tun, diese Welt ein kleines bisschen schöner machen. Fest entschlossen schenke ich den Partygästen ihre Selbstachtung und nehme ihnen Strohhalme.

Mein Engagement wird wenig honoriert, tatsächlich sind die meisten Gäste sehr verärgert und klammern sich ängstlich an ihre Strohhalme, aber ich lasse mich nicht beirren, Martin Luther King, denke ich betrunken, Jesus, denke ich betrunken, hatten es auch nicht immer leicht, wenn sie Gutes taten.

»Was suchst du eigentlich?«, fragt mich ein älterer Herr, der statt Actimel ein sehr schönes, sehr arrogantes Grinsen trägt.

»Ach«, sage ich.

»Weil«, sagt der ältere Herr, »es gibt hier zwar viele Sponsoren und sehr viel umsonst, aber Hoffnung gehört nicht dazu.«

Ich gucke den älteren Herr mit dem sehr schönen, sehr arroganten Grinsen an, ich bin sehr betrunken, er grinst wirklich schön, ich versuche fest, mir vorzustellen, dass er kein Danone-Vertreter ist, und umarme ihn, stolpere weiter, um wieder meine Begleitung zu finden.

Eine Frau, die offensichtlich genauso viele Mojitos mit Flüssigzucker wie ich zu sich genommen haben muss, hebt ihr Glas in die Runde, ruft: »Fuck off and LET'S GET PISSED!«, dann fällt ihr das Glas aus der Hand zu Boden und zerspringt nicht einmal in tausend Teile. Anstatt offzufucken und pissed zu getten, hebt ihr entnervt aussehender Begleiter nur das Glas auf und seufzt: »Mensch, Ursel.«

Ich mag Ursel, die bemüht sich wenigstens um den Rausch.

Ich finde meine Begleitung, sie steht mit einigen erfolglosen Schauspielerinnen oder Nutten vor dem Fiat und unterhält sich mit ihnen über den Tod.

»Der Tod«, sagt eine im Glitzerkleid, »ist irgendwie echt scheiße.«

Die anderen nicken und knoten ihre Hände, ich gehe, lasse mir von einem der Boulevardfotografen in meinen Mantel helfen, steige ins Taxi. Der Taxifahrer akzeptiert keine EC-Karte, ich muss also noch zur Sparkasse, hebe 50 Euro ab. Neben dem Bankautomaten liegt ein Junkie, der gerade seinen Schuss vorbereitet, ich setze mich neben ihn, vergesse das Taxi, er regt sich kaum, ich desinfiziere ihm vorsichtig die Einstichstelle am Unterschenkel, falte den 50 Euro-Schein und verstaue ihn in seiner Hemdtasche als Belohnung dafür, dass er der Einzige ist, der hält, was Berlin verspricht.

Natürlich keine
echten Menschen

Als Kind hatte ich eine sehr präzise Vorstellung vom Leben, um die ich mich heute etwas beneide. Die Welt war aufgeteilt in zwei Gruppen: Die eine Gruppe waren Roboter, geschickt getarnt und allerhand menschlich wirkend, deren einziges Ziel es war, ihr Menschsein vorzutäuschen. Die andere Gruppe war ich.

Völlig alleine, das einzig echte Menschenwesen, verdammt, mich zu tarnen und mein Wissen um die Roboter gut versteckt zu halten. Meine Mutter, meine Cousinen, meine Freunde: Ich liebte sie, aber ich wusste auch, dass es eine falsche Liebe war, dass ich Illusionen verfallen war. Androide. Lügen. Ich bedauerte das kurz, dann bastelte ich weiter an meinem Kastanientier.

Gewitzt waren sie ja, die Computer hatten sogar Science-Fiction-Filme mit sehr menschenähnlichen Androiden produziert, eine geschickte Taktik, um mich, das Menschenkind, zu verwirren und in trügerischer Sicherheit zu wähnen, hier auf dem Erdenball, in den letzten Seufzern des alten Jahrtausends. Ich war nicht panisch, mehr war die Feststellung ganz rationaler Natur: So ist es eben. Um dieses So-ist-es-eben beneide ich mich heute, denn mittlerweile ist nichts eben, alles wird in die Hand genommen und angefasst und gedreht und gewendet und kritisiert und gelobt und hinterfragt und therapiert.

Irgendwann später erinnerte ich mich an meine kindliche Vorstellung, googelte, lernte, das sei ganz normaler kindlicher

Narzissmus. Ach so, dachte ich, und fühlte mich kurz sehr normal unter sehr vielen, sehr Normalen. Dann erschrak ich, schlug mir die Hand vor die Stirn, die Erkenntnis wie ein Stromschlag: Eine geschickte Fährte habt ihr da gelegt. Fast hattet ihr mich.

So ist Schreiben

Als ich meinen ersten Roman veröffentlicht habe, wollten plötzlich alle wissen, wie Schreiben denn so sei. Hier also die Antwort:

Schreiben sei eine einsame Tätigkeit, sagen viele. Die vielen lügen. Ich wünschte, es wäre einsam. Für mich ist Schreiben eher wie eine schlechte Party mit einer miserablen Auswahl an Gästen. Keinen davon habe ich eingeladen. Spätestens, nachdem ich zwei Worte getippt habe, klopft der erste Gast an, leise noch und etwas schüchtern, dann wird es voller, und während ich doch nur arbeiten möchte, rempeln mich alle an, wollen Smalltalk betreiben, schauen mir neugierig über die Schulter. Als Erstes kommt meistens:

MEINE MUTTER:
Ich hoffe, sie widmet dieses Buch nicht mir. O Gott, hoffentlich widmet sie dieses Buch nicht mir. Sie soll es ihrem Vater widmen. Oder einem Fremden. Vielleicht einem Flüchtling? Kann ein Flüchtling eine Widmung gebrauchen? Kann IRGEND-JEMAND dieses Buch gebrauchen? Ob es wohl Sexszenen gibt? O Gott, hoffentlich gibt es keine Sexszenen. Hoffentlich hat sie keinen Sex. Hat meine Tochter Sex? Gott, ist das alles ekelhaft.

MEINE GROSSMUTTER:
Ich mag das Buch, aber nur, wenn es heiter ist. Wenn das Buch nicht heiter ist, mag ich es nicht. Ich will ein heiteres Buch.

Etwas fürs Herz! Ich bin deine Großmutter. Ich bin alt. Willst du deine alternde Großmutter unglücklich machen? Ich will Heiterkeit!

EIN FEUILLETONIST:
Ich sprech jetzt mal für die gesamte Kulturlandschaft, ist so ein Hobby von mir: Man erkennt sofort, dass ein Buch nichts wert ist, wenn es heiter ist. Wir lachen nicht gern. Wir sind Feuilletonisten. Feuilletonisten, die lachen, nimmt ja kein Mensch ernst. Da können wir ja gleich Sextoys für Bento testen. Überhaupt, wenn es nicht um die DDR oder die Nazivergangenheit geht, lesen wir den Mist gar nicht erst. Stichwort Dringlichkeit. Übrigens, vor kurzem hatten wir einen Kongress und haben beschlossen, was wir auf gar keinen Fall mehr wollen: »Generationenbücher«. Wenn es ein Generationenbuch wird, vergleichen wir dich mit Christian Kracht, bis du weinst.

DIE DOZENTEN MEINER EHEMALIGEN
SCHREIBSCHULE:
Du brauchst eine eigene Stimme. Stopp, stopp, das ist jetzt zu eigen, das ist ja völlig unverständlich. Wer soll das denn lesen? Fang noch mal von vorn an. Mach erst mal weiter.

Schreib nach Regeln. Brich die Regeln. Oh, hey, schau mal, das Buch deines Kommilitonen geht gerade durch die Decke. Der schreibt ja auch erzählender. Und dringlicher. Und außerdem kam er nicht auf die glorreiche Idee, sich schon vor dem ersten Buch in einen Shitstorm hineinzuschreiben. Warte, streich das »glorreiche« in dem Satz da eben. Keine Adjektive! Schon gar keine so hässlichen wie »glorreich«. Glorreich, glorreich, glorreich. Bah. Ich kotz im Strahl. Nee, mach ich nicht. Ich bin Dozent.

Ich meine, um was geht es dir? Was ist das Problem deiner Protagonistin? Psst, nicht sagen, SHOW, DON'T TELL, meine

Fresse. Mach's bloß nicht spannend, dann ist es Krimi, und Krimiautoren laden wir nicht auf unsere Institutspartys ein. Und die sind nicht so schlecht, wie alle denken. Die sind glorreich.

DIE KOMPLEXE:
Weißt du, wer mehr wert ist als du? ALLE!

DIE LIEBLINGSAUTOREN RÄUSPERN SICH.
SIE HÄTTEN DA EINEN COUNTRYSONG EINGEÜBT,
DEN WOLLTEN SIE ZUSAMMEN VORSINGEN:
Hey Baby. Das haben wir schon gemacht. Hey Baby. Das auch. Das auch, aber besser. Und das auch, aber lustiger. Und das auch, aber mitreißender. Baby. Dein Buch ist die Hölle. Hölle, Hölle, Hölle. Es wäre ja schmeichelhaft, wenn du klauen würdest, aber du kopierst einfach schlecht. Du bist wie ein Kopierer ohne Tinte. Oder Papier. Oder Strom. Baby. Und ja, wir können keine Countrysongs. Aber dafür können wir schreiben, im Gegensatz zu dir.

SHALOM AUSLANDER:
Oh, Ronja klaut wieder? Gewöhnt euch dran. Die komplette Idee von diesem Text hier ist von mir. Kann jeder nachlesen auf tabletmag.com.

KNAUSGÅRD:
Schreib einfach über dich.

KAFKA:
Oder über Käfer?

J. K. ROWLING:
Dir fehlt es an Magie.

MARC-UWE KLING:
Kängurus sind ein Bestsellergarant, mach Kängurus rein!

STURM-UND-DRANG-GOETHE:
Du musst dich viel mehr vom Gefühl leiten lassen!

KLASSIK-GOETHE:
Du darfst dich nicht so sehr vom Gefühl leiten lassen!

EIN AMAZONKUNDE:
Also, mich hat das jetzt nicht umgehauen. War irgendwie öde.
Also, zumindest bis Seite drei, weiter habe ich nicht gelesen.
War zu langweilig. O Gott, war das langweilig. Stattdessen
habe ich mein Mathebuch auswendig gelernt. Während der
Lektüre von Rönnes Buch habe ich zweimal gelacht. Das erste
Mal, weil mir beim Lesen der Kakao umgekippt ist. Ich finde
Sachen, die umkippen, lustiger als dieses Buch. Das zweite
Mal war aus Versehen. Ich vergebe einen Stern, weil man nicht
null vergeben kann. Definitiv KEINE Kaufempfehlung!!!!!!!!!

FLUCHTREFLEX:
Weißt du, was dir jetzt beim Schreiben helfen würde? Wein!
Am besten, du entspannst dich erst mal. So wie gestern. Und
vorgestern. Und vorvorgestern. Oh, schau mal da! Doch, da
war gerade was! Geh lieber mal nachgucken. Und auf dem
Rückweg kannst du gleich abspülen. Das müsstest du ja eh
machen, irgendwann. Jetzt rauch erst mal eine. Oder lies doch
mal etwas. Du musst dich doch informiert halten. Bevor du
mit dem Schreiben beginnst, solltest du unbedingt das Internet durchlesen.

KLASSIK-GOETHE:
Andere Frage: Bist du ein Genie? Weil sonst kannst du es
eigentlich gleich ganz lassen.

FLUCHTREFLEX:
Was immer hilft, ist, Wikipedia-Lebensläufe von Leuten lesen, die viel jünger schon viel erfolgreicher waren als du. Hilft echt.

MEIN VATER:
Und dafür haben wir ihr drei Studienabbrüche finanziert. Hoffentlich bringt ihr Bruder sie irgendwann durch. Oder um.

MEIN BRUDER:
Ich habe dich immer schon gehasst.

REDAKTEUR EINES HIPPEN ONLINE-MAGAZINS:
Dieses crazy Buch ist doch nicht so crazy! Hyperkrass! Lest hier: Zehn Gründe, warum Rönnes Buch noch schlechter ist als die Lage in Syrien! Yolo!

JURYMITGLIED EINES BEDEUTENDEN
LITERATURPREISES:
Hast du nicht eine Oma, die von irgendwo nach irgendwo geflüchtet ist?

DIE VERZWEIFLUNG:
MIR GEHÖRT DIE WELT! NIEDER MIT DER HOFFNUNG!

DER MANN, DEN ICH LIEBE UND DER AUCH SCHREIBT,
NUR BESSER:
Ich schreibe auch, nur besser. Generell bin ich besser als du. Man könnte auch sagen: zu gut für dich. Oh, schau, eine fremde Jungautorin. Ich geh mal hallo sagen. Ich geh mal eine neue Beziehung ein. Tschüs!

FLUCHTREFLEX:
Ich mach jetzt einen Netflix-Account. Du MUSST ja nicht mitschauen, ich sag ja nur …

DIE VERZWEIFLUNG:
Wer aufgibt, darf ausschlafen.

Irgendwann reicht es dann, ich klappe den Laptop zu und schmeiße sie alle raus. Nur die Verzweiflung bleibt noch ein bisschen und knutscht in einer Ecke mit dem Fatalismus. Dabei stoßen sie nichts um.

Die Frage nach der Generation Y ist so langweilig wie ein Töpferkurs ohne Ton, bei dem dann auch noch alle anderen Teilnehmer absagen, weil sie doch lieber Stehpaddeln lernen wollen

Was weiß ich über meine Generation? Ich weiß, dass sie gerne Artikel über ihre Generation liest. Und schreibt. Und teilt. Das ist sicher. Das liebt meine Generation. Ansonsten liebt sie eher langweilige Dinge: Sex mit Menschen, die man liebt, und Jobs, die nicht Praktika heißen. Ich weiß das, weil ich schon siebenhundert Artikel zu dem Thema gelesen habe.

Man sollte zu einem Treffen aufrufen und alle Jungautoren einladen, die sich noch nicht zu ihrer Generation geäußert haben.

Vor horrenden Kosten braucht man sich selbst als zaghafter Partyveranstalter nicht scheuen, guten Gewissens kann man dieses Get-Together im heimischen Badezimmer abhalten: Es wird keiner auftauchen, weil alle damit beschäftigt sind, ihre Generation zu analysieren. (Außer vielleicht ein schüchterner Lyriker, aber schüchternen Lyrikern reicht es vollkommen, wenn man ihnen ein Glas Wasser anbietet. Man kann ihnen viel vorwerfen, den schüchternen Lyrikern, zum Beispiel ihre schüchterne Lyrik, aber genügsam sind sie. Nur still muss das Wasser sein! Obacht! »Könnte ich vielleicht doch ein stilles Wasser haben?«, fragt der schüchterne Lyriker sonst, und es wird ihm sehr unangenehm sein. Lassen wir dem Lyriker sein Wasser und diesem Text sein Thema.)

Wie ist sie denn nun, die Generation Y? Und warum hab ich immer noch keine Vorhangstange gekauft?

Lauter wichtige Fragen, die man in einem hübschen Suhrkamp-Büchlein mit dem Titel »Fragen für Warteschlangen an Drogeriemarktkassen« zusammenfassen kann. Ansonsten ist die Frage nach der Generation vor allem eins: LANGWEILIG. Sie ist so LANGWEILIG, dass ich mir einen Leitz-Ordner voller Generation-Y-Artikel angelegt habe, für unruhige Nächte voller Panikattacken.

»Ruhig«, sagt der Mann, der mich gut kennt, wenn ich des Nachts mit rasendem Herzen und schlechtem Gewissen hochschrecke. Dann schiebt er mir ein Tavor zwischen die Zähne und liest mir mit ruhiger Stimme aus »Warum meine Generation zu blöd für die Liebe ist« vor.

Man braucht sich gar nicht mit frechen Mittzwanzigern zu treffen, um die Generation Y zu kennen. Man braucht nicht einmal die Artikel zu lesen. Es reicht zu wissen, dass sie gerne Artikel über ihre Generation lesen. Y, das sind die, die sich freuen, wenn in Texten steht, dass ihre Generation beziehungsunfähig, unselbständig und unglücklich ist, weil sie dann selbst keine Schuld daran tragen.

Ich boxe mir jetzt ein bisschen wütend in den Bauch. Ich hätte die Zeit, in der ich hier über Y schreibe, auch sinnvoller vertun können. Ich hätte mich in einen schüchternen Lyriker verlieben können. Ich hätte Spanisch verlernen können. Ich hätte Fotos von meinem Essen machen können und es dann doch nicht auf Facebook teilen können, weil ich noch über ein Restquäntchen Selbstachtung verfüge.

Stattdessen verklingen meine Klagelaute in den Weiten der Gegenwart. Es ist Mittwoch. Vielleicht können wir uns darauf einigen, dass gestern Dienstag war. Das wäre schön, denn ich bin sehr harmoniebedürftig. Ich weiß das. Das steht in der Zeitung.

Ein Interview
mit mir von mir

Ich schreibe Bücher. Ich muss seriösen Journalismus betreiben. Ich blogge. Einfach ist es nicht. Hier ein Interview der drei schillernden Persönlichkeiten.

JOURNALISTIN: Hm, ja, also, schön, Sie kennenzulernen, Frau von Rönne –

BLOGGERIN: Ach, nennen Sie mich Ronja, Sie Knalltüte. Ich bin ein crazyjunges Bloggergirl, da muss man nicht so förmlich sein. *Raucht Bong.*

JOURNALISTIN *versucht, relaxed zu gucken, und zündet sich eine Zigarette an*: Ja, toll, nennen Sie mich doch einfach auch Ronja, sonst wird das alles so kompliziert. *Notiert panisch.* Also, erst mal zu ihrem Schreiben. Ist das wirklich alles so passiert?

BLOGGERIN: Ich schreibe nicht, ich blogge. *Grinst frech, tippt auf ihrem Smartphone herum.* Außerdem ist das eine bescheuerte Frage. Und »ihrem« schreibt man groß.

JOURNALISTIN: Ähm ja, also wenn ich ehrlich bin, ich bin nicht so gut in Meta-Interviews.

BLOGGERIN: Ich auch nicht. Wer interviewt hier eigentlich wen? Also, erst mal zu Ihrem Schreiben –

JOURNALISTIN: Ich schreibe nicht, ich habe Angst.

BLOGGERIN: Angst? Wie darf ich das verstehen?

JOURNALISTIN *äfft nach*: »Angst? Wie darf ich das verstehen?«

BLOGGERIN: Hä? Was soll das denn?

JOURNALISTIN: Es tut mir leid. Der Druck in der Redaktion. Wenn dieses Interview nicht gut wird, muss ich was anderes schreiben, und dann wird das wieder ein Text darüber, was mir gefällt, und was ich nicht so toll finde, völlig ohne Begründung warum, und dann wird mir wieder vorgeworfen, ich schreibe nur selbstreferenziell. Und dann lese ich wieder Leserkommentare, und dann heule ich, und dann rauche ich zu viel und wasche mich nicht mehr und – Ich will doch so gerne seriösen Journalismus machen. *Weint.*

BLOGGERIN: Aaach, mach dir keinen Stress, ich schreib nur über mich, die Leute lieben das! Gonzojournalismus! Hashtag Gonzo! *Trinkt lässig aus ihrem Flachmann.*

JOURNALISTIN: Aber finden Sie das Ganze nicht ein wenig – narzisstisch? Immer nur ich, ich, ich – das interessiert die Leser da draußen doch überhaupt nicht.

BLOGGERIN: Die Leser da draußen sind mir scheißegal! Mein Blog, mein Block! *Twittert Letzteres noch schnell und lacht irre.*

JOURNALISTIN: Ich beneide Sie etwas. Bei uns sind Klickzahlen sehr wichtig.

BLOGGERIN: Ja, Klickzahlen sind mir auch wichtig. Aber ich mach das nicht über Inhalte. Ich schreibe einfach immer »Sex« in die Überschriften. Inhalte sind so 2013.

JOURNALISTIN: Aber wenn es dann gar nicht um Sex geht, fühlen die Leser sich doch betrogen.

BLOGGERIN: Nee, meine Leser tun dann so, als finden Sie das »witzig« und »ironisch« und »clever«. Was machen Sie denn für Klickzahlen?

JOURNALISTIN: Na ja, manchmal hoffe ich einfach. Oder ich hab einfach pure Angst. Angst kann ja ein toller Motor sein. Manchmal schreibe ich auch »Bitte teilt diesen Beitrag«, wenn ich meine Texte auf Facebook poste. Aber die wenigsten reagieren noch darauf ... *Knotet Hände.* Die Menschen sind kalt geworden.

ROMANAUTORIN: Könnt ihr beiden mal die Fresse halten? Ich schreib hier an meinem ersten Buch. *Wedelt panisch ein leeres Blatt.* – Das ist Literatur!

BLOGGERIN *hämisch:* Das ist ein leeres Blatt, du Opfer, Hashtag Opfer.

JOURNALISTIN: In der Form kann ich das aber nicht rezensieren. Viel zu wenig Inhalt. Am Ende schreibe ich dann nur wieder über mich. Das Buch bietet ja bisher keinen Stoff.

ROMANAUTORIN: Weil ihr beide mich nervt mit euren Hashtags und euren Klickzahlen und seriösem Journalismus! Ich brauche einen freien Kopf! L'art pour l'art!

WELT-JOURNALISTIN: Sie haben ganz recht! Le journalisme pour le journalisme!

BLOGGERIN *twittert:* Le #blog pour le #blog!

Alle drei umarmen sich, die »WELT«-Journalistin schlägt die Bloggerin fest auf den Hinterkopf, die Bloggerin zerkratzt der Buchautorin das Gesicht. Die Buchautorin küsst die beiden zum Abschied. Verwirrt gehen sie zusammen auseinander, was nicht heißt, dass sie fett werden.

Die Asiaten
sind nicht blöde

Ich esse beim Vietnamesen immer Suppen mit ulkigen, monovokalen Namen. Erstens können die Vietnamesen sehr gute Suppen zubereiten, zweitens habe ich meist Glück und komme um die Stäbchensituation herum. »Aber«, schreien nun empörte Großstädter, die sich in Kursen an Mittwochabenden treffen, um zu lernen, wie man mit diesem rückständigen Besteck isst, ohne wie ein empörter Großstädter auszusehen, der nie einen solchen Kurs belegt hat, »Stäbchen sind authentisch.« Ich halte das für großen Quatsch. Ich glaube nicht, dass Asiaten mit Stäbchen essen, weil das authentisch ist. Ich glaube, dass Asiaten damit besser essen können. Die Asiaten sind doch nicht blöde. Und aus den gleichen Gründen bestehe ich auf Messer, Gabel und Löffel. Was ist noch schlimm?

Schlimm ist das Café St. Oberholz in Berlin. Sollte es gastromasochistische Menschen geben, sei ihnen ein Besuch dieses Etablissements ans Herz gelegt. Allen anderen rate ich: Rennt!

Es handelt sich um ein Café, in das man nur mit Macbook darf. Wenn man nicht mit Macbook, sondern mit Begleitung erscheint, schaut einen ein anglophoner Barista stirnrunzelnd an und fragt dich: »What's that?« Überall hängen ironische Sprüche, und auf der Toilette muss man seine Hände trocken föhnen.

Ich wollte in ebenjenem St. Oberholz einen Kaffee bestellen. Das Kassenmännchen schaute mich böse an und sagte: »Americano.« Ich guckte zornig zurück: »Kaffee.« Er sagte: »Das macht dann hundert Euro!«, und schrie den anglophonen Barista an: »Another Americano!«, dabei bin ich deutscher als die Zugspitze. Ein furchtbarer Laden. Gibt es sonst noch was? Es ist Valentinstag. Der Tag, an dem jedes Jahr moderne Pärchen einander beteuern, dass es diesen kapitalistischen Feiertag nur aufgrund einer Marketingstrategie eines amerikanischen Postkartenherstellers gibt. Dann nicken sie im Chor, und die Frauen weinen heimlich. Es ist ein Jammer.

Ich bin neidisch

Heute bin ich vom Sonnenlicht aufgewacht und war neidisch auf Leute, die es schaffen, selbständig eine Gardinenstange zu befestigen.

Neid ist für mich ein Lebensthema. Ich halte es mit Arthur Schnitzler, der immer seufzte: »Eigentlich müsste ich viel berühmter sein.« Nur dass ich nicht Arthur Schnitzler bin.

Eine meiner einschneidendsten Kindheitserinnerungen ist die Neuverfilmung von *Emil und die Detektive*. Während alle anderen Kinder Spaß im Kino hatten, warf ich heulend Popcorn auf die Leinwand. Weil ich neidisch auf Pony Hütchen war. Genauer: auf die Schauspielerin von Pony Hütchen. Die durfte eine Horde Berliner Kids durch die Hauptstadt führen, mittags Döner essen und die Schule schwänzen, ich war zum Leben im oberbayerischen Voralpenland verdammt. Das erste Wort, das ich gelernt habe, war »auch«. *Ronja auch.* Für mich ist die Definition von Liebe, dass ich der Person ihre Erfolge nicht neide. Einem wahren Freund stehe ich nicht in schlechten Zeiten bei, sondern wenn er an mir vorbeizieht.

Über Neid spricht man nicht. Neid ist ähnlich unglamourös wie ein Dammschnitt. Neid attestiert sofort Komplexe und menschliches Versagen. Der edle Mensch tut stattdessen etwas anderes: Er *freut* sich für den anderen. Er denkt sich zum Beispiel, toll, dass diese Autorin von »Wie ich einmal mit siebenhundert Männern geschlafen habe« so viel Publikum erreicht und bei Markus Lanz eingeladen wird. So funktioniert das aber nicht. Weil ich ihren Erfolg als Beweis für die Unfairness des Lebens halte. Die Arme! Vielleicht ist »Wie ich einmal mit siebenhundert Männern geschlafen habe« total schön geschrieben!

Bei mir nimmt Neid schon so krankhafte Züge an, dass ich mir ausmale, wie ich mit 42 neidisch auf Dreiundzwanzigjährige sein werde. Ich bin 23, und so super ist es jetzt auch nicht. Nichts verrät mehr über meine Abgründe, als die Menschen, auf die ich neidisch bin, und vor allem die, auf die man nicht neidisch ist. Neulich las ich von einem Vierzehnjährigen, der in seiner Doktorarbeit über einen Bremsklotz aus Urknallmaterie nachdenkt. Ich gönne es ihm von ganzem Herzen.

Natürlich kann man sich Neid entziehen, die wichtigsten Quellen ausschalten: sich von sozialen Netzwerken fernhalten, sich Freunde suchen, die in einem anderen Feld arbeiten oder schlicht völlig verkrachte Existenzen mit Mundgeruch sind. Aber das ist feige und ignorant. Vielleicht bin ich auch masochistisch veranlagt, denn im besten Fall zwingt Neid mich zur Produktivität. Auch wenn dabei höchstens ein mediokrer Neidtext herausspringt, für den einen kein Mensch zu Markus Lanz einlädt.

Draußen ist gefährlich

Es ist schrecklich da draußen. Man muss nicht mal das Haus verlassen, um das zu wissen. Man muss nicht am Kölner Hauptbahnhof stehen. Ein bisschen Twitter-Lektüre reicht, um binnen Sekunden zum Misanthropen zu werden. Schlimm sind die Kölner Ekeltypen. Schlimm sind die, die diese Vorfälle für ihre jeweilige Agenda missbrauchen, und das sind im Zweifelsfall alle. Schlimm sind Wandtattoos und Selbstzweifel und Croc-Schuhe und Schuldgefühle, und generell ist all das Gemenschel eine Zumutung. 2015 war laut, 2016 kaum ruhiger.

Irgendwo zwischen Terroranschlägen, Hotpants-Verbot, Xavier Naidoo und Pegida muss der Mensch sich einordnen, damit hat er zu tun, dabei gäbe es so viel mehr zu erledigen. Man möchte mal wieder gemütlich die Autoschlüssel verlegen. Doch stattdessen ist alles nur extrem laut und seit diesem Jahr auch: unglaublich nah.

Immer wieder beschworen uns Politiker, Redner und Journalisten 2015 mit dem einen Satz: »Wir haben keine Angst.« Das Problem ist, dass dieser Satz nur dann ausgesprochen wird, wenn die Angst schon da ist. Es ist ein Satz, den man ausspricht, wenn man Angst vor der Angst hat. Er wird ausgesprochen von Menschen, die zumindest ahnen, dass Angst ein schlechter Berater ist, das wusste schon Yoda, es ist der Weg zur dunklen Seite. Denn natürlich: Noch unheimlicher, als die Ursachen von allem Argen es sind, ist das, was sie mit uns machen. Was man fürchten sollte, ist nicht nur das Konkrete, es sind auch die Entscheidungen, die aus der Angst davor geboren werden.

Sandig steckt das alte Konzept von »fight or flight« den Menschen noch in der unordentlichen DNA, und nach jeder Krise wird man durchgeschüttelt von Reaktionen, die aus ebenjenem Reflex geboren werden. Es sind Politikerinnen, die Frauen panisch raten, im Zweifelsfall lieber eine Armlänge Abstand gegenüber Fremden zu halten. Es sind »besorgte Bürger«, die Flüchtlingsheime anzünden. Was im Großen passiert, ist im Kleinen nichts anderes als die Dynamik von Panikattacken: Es gibt einen Auslöser, für jede weitere Panikattacke genügt schon die Angst vor der Angst.

Die klassische Behandlung von spezifischen Phobien und Panikattacken entspricht allerdings dem Gegenteil der öffentlichen Reaktion derzeit: Angst zulassen, Konfrontation mit sich selbst und dem Gegenstand. Tatsächlich raten nur wenige Ratgeber und Therapeuten dazu, in Paniksituationen Fremdenhass zu entwickeln, hasserfüllte Tweets von sich zu geben und an den Behausungen anderer herumzuzündeln.

Mittlerweile müssen wir die Angst nicht mal selbst erleben, um uns zu fürchten, ein zweifelhafter Dienst, den uns die Medien erweisen. Wer sich stundenlang im Internet herumtreibt, weil zu Hause das WLAN schneller ist und einem kein durchgeknallter Islamist in den Kopf schießt, liest genug Artikel, um Skepsis vor allem da draußen zu entwickeln. Präventiv bleibt man lieber zu Hause und kocht sich etwas ohne gefährliche Zusätze. Falls man auch noch Angst vor Artikeln hat, die Angst schaffen könnten, gibt es mittlerweile **Triggerwarnungen**. Diese haben ihren Ursprung eigentlich in Foren von psychisch Kranken, wo sie die Leser vor eventuellen Rückschlägen schützen sollen. Mittlerweile planschen die Warnhinweise aber auch fröhlich im Mainstream herum, sind

Rüstung eines verunsicherten Ichs geworden, das doch nur in Ruhe leben möchte und dessen größtes Bedauern es ist, dass der Tod einen selten warnt, bevor er eintritt.

Offline gibt es diese Schutzräume mittlerweile auch. An amerikanischen Universitäten sind »Safe Spaces« mittlerweile völlig normal. Der Wikipedia-Definition nach handelt es sich dabei um abgesteckte Orte, an denen man »frei sprechen und handeln darf«. Eine Absurdität, die impliziert, man dürfe das an allen anderen Orten nicht.

Einige »Safe Spaces« verbieten sogar Körperkontakt. Also: frei handeln, aber ohne Grabbeln. Denn beim Grabbeln geht oft ordentlich was schief. Missbrauch. Vergewaltigung. Sex, der höchstens von einer Seite aus einvernehmlich war. »Safe Spaces« sollen eine Antwort auf solche Übergriffe sein. Die Sehnsucht nach einem Ort, an dem die Gefahr gebannt ist und Harmlosigkeit das Motto, ist nachvollziehbar. Irritierend ist, dass man einem solchen Raum Grenzen setzt.

Denn wenn es drinnen sicher ist, sagt man auch: Draußen ist es das nicht. Draußen ist gefährlich. Wer sagt: Hier wird Toleranz und Sicherheit versprochen, sagt auch: Außerhalb dieses Raumes kannst du dir da nicht so sicher sein. Dieser Wunsch nach Sicherheit geht nicht einher mit einer generellen Forderung nach Freiheit und Unversehrtheit überall. Immer vom Schlechten auszugehen entspricht der Denkweise von Helikoptereltern, nur dass sich jetzt Erwachsene freiwillig einsperren, um sich sicher zu fühlen.

Safe Spaces und Triggerwarnungen sind ebenso ein Eingeständnis von Ratlosigkeit und Desillusionierung wie der dämliche Tipp, man solle zu Fremden eine Armlänge Abstand halten, um nicht vergewaltigt zu werden. Mittlerweile gibt es »**We Consent**«, eine App, die präventiv vor Vergewaltigungen und Vergewaltigungsvorwürfen schützen soll. Das Programm erfasst die Gesichter der vorfreudigen Sexualpartner und nimmt dann einen 20-sekündigen Film auf, in dem beide bestätigen, der folgende Akt sei einvernehmlich. Wenn man sich freiwillig kurz vor dem Sex von fahlblauen Handybildschirmen anleuchten lässt, muss man davon ausgehen, dass die Verunsicherung groß ist. Wer dabei eine Erektion hält, dem muss man aufrichtig gratulieren.

Groß ist die Angst. Diffus ist die Angst, sie streut in jede Richtung. Während man online an der idealen Version seines Ichs bastelt und sich selbst damit automatisch die größtmögliche Bedeutung im eigenen Universum schafft, scheint gleichzeitig die Bedrohung immer größer – ungeachtet der Tatsache, dass man in Deutschland selten so sicher war. Die Angst nährt sich von allem, womit man sie füttert, und so trägt jede Vermeidung von Konfrontation, jeder Versuch des Selbstschutzes und jeder Fremdenhass, der aus »Besorgnis« geboren wird, dazu bei, dass das Vertrauen in die eigene Kraft und in die Stärke der Gemeinschaft abgebaut wird. Und schließlich beäugen wir einander, anstatt die Angst zu beäugen.

Tag der offenen Tür
bei der AfD-Demo

5000 Menschen waren der Grund, warum ich mir die Weg-
beschreibung zur AfD-Demo nicht ausgedruckt habe. Diese
5000 waren von der AfD angekündigt, und 5000 Menschen
übersieht man schlecht. Als ich um 13 Uhr aus der Berliner
U-Bahn-Station Klosterstraße komme, sehe ich allerdings nur
eine gutgelaunte Frau mit Ver.di-Plakat und laufe stattdessen
ihr hinterher, irgendwo gehen die Ver.di-Leute ja immer demonstrieren. Tatsächlich führt sie mich bis zum Roten Rat-
haus, an dem die AfD-Demo unter dem Thema »Merkel muss
weg« an diesem Tag in Berlin stattfindet.

Sehr viele Polizisten stehen um einen sehr großen Platz
herum, auf dem sehr wenige Menschen verschüchtert ihre
Deutschlandfähnchen im Wind schwenken. Einige Demons-
trierende verteilen Blumen. Sehr laut läuft klassische Musik.
Der Platz sieht aus wie eine Demo der Grauen Panther, der
ausgestorbenen Seniorenpartei. Um ganz sicher zu sein, ob ich
wirklich auf der richtigen Demonstration bin, frage ich einen
dünnen Mann mit Luftballon, wofür er hier demonstriere. Er
sagt, für die Erhaltung des deutschen Kulturguts. Ich frage den
Mann, welcher Komponist da gerade gespielt wird. Der Mann
sagt, er habe keine Ahnung.

Dann sagt der Mann: »Merkel muss weg«, und sieht mich an
wie ein alter Schäferhund. Ich begreife immer noch nicht
ganz, um was es denn hier geht. Manche halten Schilder, auf
denen »Merkel muss weg« steht. Manche halten Schilder, auf

denen »Keine Wurst ist illegal – Schweinefleisch überall« steht. Vielleicht lag die Ver.di-Frau doch ganz richtig, vielleicht demonstriert hier gerade die Gewerkschaft deutscher Metzger. Zwischen den beiden Forderungen liegt doch eine ganze Menge Interpretationsraum.

Die Musik ist sehr schön. Ich frage weiter herum, wessen Konzert da gerade läuft. Die Leute sagen mir weiterhin, man müsse die deutsche Kultur schützen. Wer da gespielt wird, weiß aber keiner. Wahrscheinlich irgendein Indie-Komponist.

Ich setze mich erschöpft neben einen freundlich aussehenden älteren Herren auf eine Bank. Mit der Blume in der Hand, den roten Converse-Turnschuhen, dem langen weißen Haar und dem bunten Hemd wirkt er, als habe er eigentlich geplant, aufs Woodstock-Festival zu gehen, sich dann aber 46 Jahre lang verlaufen, bis er aus Versehen hier gestrandet ist. Ich frage ihn, welche Musik da gerade läuft, er lächelt und sagt: »Wunderbar, nicht?« Das seien Bachs Brandenburgische Konzerte.

»Warum sind Sie hier?«, frage ich ihn. »Damit meine Enkelin noch so frei aufwachsen kann wie Sie«, sagt er, und er sieht ehrlich aus, er sieht besorgt aus. Er erklärt mir, er sei gegen den Islam, aber für Flüchtlinge, sämtliche Kriegsflüchtlinge sollte man aufnehmen, auch alle, wirklich alle Syrer, das seien die Deutschen der Welt schuldig. Ich frage ihn, ob er hier auf der richtigen Demonstration sei, und verweise auf die Gegendemo, die langsam wächst und laut »Refugees welcome« skandiert.

Er nickt und erklärt mir, er möchte nur später nicht zu denen gehören, die nichts gesagt haben. Später heißt, wenn Deutschland ein islamischer Staat ist, wenn seine Enkelin ein Kopftuch tragen muss, und das würde sehr bald passieren. Der Herr spricht weiter, über die Islamisierung, die schon früher Tausende das Leben gekostet habe, in Indien zum Beispiel.

Die ganze Veranstaltung scheint ein riesengroßes Missverständnis zu sein. Die verunsicherten Rentner, die ratlos Blumen in der Hand halten, sich unverstanden und verleumdet fühlen, haben mit den glatzköpfigen Nazis, gegen die die Gegenseite eigentlich demonstriert, wenig gemein. Es scheint völlig unklar, wer für was genau steht, nur in einem Punkt scheinen sich alle erstaunlich einig: Etwas gerät außer Kontrolle, und die Politik scheint nicht imstande, Lösungen zu schaffen.

Mittlerweile spricht die AfD-Vizevorsitzende Beatrix von Storch und mahnt zu einer friedlichen Demonstration. Sie versichert, die demokratischen Werte stünden über allem, deshalb würde die AfD auch keine Gegendemonstrationen zur Antifa und zur Linken veranstalten. Die Oldies der AfD-Anhängerschaft klatschen, die Gegendemonstration skandiert wütend, einige sind vermummt. Es sähe auch, demokratische Werte hin oder her, sehr albern aus, wenn sich die paar AfD-Greise auf den Schwarzen Block stürzen würden.

Von Storch ermahnt weiter: »Argumente statt Steine! Blumen statt Feuer!« Die Alten klatschen, ich warte darauf, dass die ersten »Imagine« von John Lennon anstimmen, den Weltfrieden fordern und einen Joint kreisen lassen.

Ich flüchte an den Rand der Kundgebung, zu einem Kiosk. Die türkischen Verkäufer stehen rauchend vor dem Laden. Ich frage sie, was sie von all dem halten. Einer zeigt grinsend auf ein Plakat von Merkel im Kopftuch: »Steht ihr doch ganz gut«, sagt er und lacht. Dann wird er kurz ernst. »Ich schaffe Arbeitsplätze für Deutsche«, sagt er. »Die Leute haben Angst«, sagt er, und zum ersten Mal kann ich heute jemandem sehr recht geben.

Neben ihm steht ein AfDler in zünftigem Janker und versichert einer Frau, die nicht danach gefragt hat, dass heute alles extrem gut liefe. »Das läuft doch heute echt gut«, sagt der Mann. Ich frage einen Polizisten, ob das hier tatsächlich 5000 Menschen seien. Er lacht: »Weit davon entfernt.« Der

AfD-Mann sagt noch einmal, etwas leiser und zu sich selbst: »Das läuft doch echt gut heute.«

In der Zwischenzeit sind die Rufe der Gegendemonstration lauter geworden, die Polizei schreitet immer wieder ein. Man fragt sich, was geschehen würde, wenn die Polizei nicht da wäre. Würden sich die eifrigen Antifas auf die Omis stürzen?

Nachdem von Storch ihre Rede beendet hat (Merkel schlimm, Demokratie gut, Flüchtlinge weiß-nicht-so-genau) und alle bestätigend mit den Köpfen nicken, weil sie auch Merkel schlimm, Demokratie gut und Flüchtlinge weiß-nicht-so-genau finden, wird es noch etwas langweiliger. Ich verlasse die Ü-80-Party für einen Abstecher zur Gegenseite.

Dafür, dass dort die »Gegenseite« zur »Merkel muss weg«-Kundgebung stattfindet, sieht man erstaunlich wenige Punks mit »Merkel muss bleiben!«-Postern. Dafür die üblichen Antifas, die üblichen »Haut ab«-Rufe, die üblichen Studierenden. Ständig sollen alle abhauen. Merkel, die AfD-Greise, alle sollen weg. (Falls sie nicht wissen wohin, können sie immer noch auf der Couch des hübschen Antifa-Mädchens schlafen, das beharrlich »Refugees welcome« ruft.)

Ansonsten ist die Gegendemo ein bisschen, als hätten die Enkel der Greise sturmfrei. Ab und an schiebt sich ein Deutschlandflagge schwingendes Grüppchen durch die Gegendemo, dann wird es kurz aufregend, einige Vermummte stürzen sich nach vorne, es knallt laut, die Polizei sprüht mit Tränengas, zweimal werde ich umgeschubst, zweimal wird mir sofort aufgeholfen, ich werde gefragt, ob alles in Ordnung sei, ob ich was abbekommen hätte.

Am Ende hinterlässt die AfD-Demo einen faden Geschmack. Das AfD-Gefolge wirkt in der Summe vor allem ängstlich, frustriert und überfordert. Die konkreten Forderungen der Demo scheinen nicht abgesprochen zu sein, und so steht ein etwas jüngerer Neonazi sehr ratlos neben einem kultivierten Bach-

Fan, der alle Flüchtlinge aufnehmen will, aber Angst vor dem Islam hat und mir Zettel mit YouTube-Links in die Hand drückt. YouTube spricht er »Jutube« aus.

Und während die Ratlosigkeit auf der AfD-Demo relativ leise ist, scheinen auch die Gegner nicht so recht zu wissen, gegen was genau sie da demonstrieren. Fast möchte man jedem der AfD-Demonstranten einen Gegendemonstranten zuteilen, sie einsperren, ihnen Kaffee einschenken und zu Gesprächen miteinander zwingen, bis die Gegenseite versucht, die Ängste der alternden Antiislamisten nachzuvollziehen, bis die selbsternannten Patrioten die Entschlossenheit der anderen Seite verstehen, bis beide Seiten sich wieder auf das konzentrieren können, was sie beide laut skandieren: Toleranz, Freiheit und all die anderen klangvollen Worte, die eine bessere Welt versprechen.

Erst ist man schüchtern, dann betrunken

Dieses Jahr war ich das erste Mal auf der Frankfurter Buchmesse. Es war sehr nett. Die Menschen waren nett. Mein Hotel war nett. Nette Agenten. Nette Autoren. Nette Verleger. Nette Journalisten. Die Partys waren nett. Nett waren auch die Smalltalks auf den Partys: »Wie fandest du es bisher?« – »Sehr nett.«

Nun sagen ja viele, nett sei die kleine Schwester von scheiße, aber man muss ja nicht von missratenen Kindern auf ihre Geschwister schließen. Falls man es also dieses Jahr nicht geschafft hat: So ist ein Besuch auf der Buchmesse.

Tag 1: Gummibärchen und Hoffnungslosigkeit sind umsonst

Man fährt mit dem Taxi zur Buchmesse und nimmt sich vor, die kurze Strecke am nächsten Tag aber zu laufen. Schnell schwimmt man in sehr lauten, sehr großen Menschenmassen.

Das Gute an Menschenmassen ist, dass es nicht auffällt, wenn man sich die Tasche voller Gratisgummibärchen stopft. Das Schlechte an Menschenmassen ist der Rest. Wenn man die Augen schließt und sich fest konzentriert, klingt das Gemurmel trotzdem nicht wie Meeresrauschen.

Abends Verlagsparty. Die Gäste sind Agenten, Journalisten, Verlagsangestellte, Autoren. Erst ist man schüchtern, dann betrunken. Ein paar Satiriker sind lustig, dann zucken sie mit den Schultern, sagen traurig, das sei halt ihr Job, sie wollten das ja auch nicht ihr Leben lang machen. Zweimal fällt ein Glas herunter, dann geht man nach Hause.

Tag 2: Polyamorie und Dostojewski

Auf der Messe lesen Autoren. Auf der Messe diskutieren Autoren mit Journalisten. Auf der Messe berichtet man darüber, wie gelungen Autoren mit den Journalisten diskutiert haben. Man irrt durch Gänge und behauptet, die Leipziger Messe sei einfach übersichtlicher. Man gibt einem Verleger im Vorbeigehen die Hand. Man trifft einen anderen Verleger und sagt, wie unhöflich man es finde, im Vorbeigehen die Hand zu geben. Man knabbert Kekse. Man steht etwas ratlos vor Büchern wie »Geil! Räuchern!«. Man macht von »Geil! Räuchern!« ein Foto und schickt es per WhatsApp an den Menschen, den man liebt. Man trifft die Autorin von »Polyamorie – Herzen zwischen Erfolg und Hoffnung«, die ihre Fotos von lustigen Büchern natürlich in einer WhatsApp-Gruppe verschickt.

Man trifft viele Menschen, denen man in die Arme fällt, und viele, denen man gerne in die Arme fallen würde, bei denen man dann aber doch verschämt in eine andere Richtung guckt. Man muss die Schüchternheit nachsehen. Die meisten Menschen, die eine Buchmesse besuchen, sind solche, die sich mit 17 von Dostojewski verstanden gefühlt haben.

Man versichert einander, sich später auf der Party eines großen Verlages zu sehen, bei Rowohlt. Dann versucht man panisch, sich eine Einladung zu organisieren.

Abends Verlagsparty. Die Gäste sind Agenten, Journalisten, Verlagsangestellte, Autoren. Erst ist man schüchtern, dann betrunken etc. pp.

Man unterhält sich. Später tanzen drei Frauen zu »Rehab« und singen mit Amy, dass sie niemals nüchtern sein wollen. Man ist freundlich. Später, im Hotelzimmer, sucht man nach dem Knopf, der die Klimaanlage ausschaltet. Man sucht sehr panisch. Man stolpert über »Geil! Räuchern!« und andere geklaute Bücher von Messeständen. Man flucht. Man ruft den Roomservice an. Eine freundliche Dame erklärt einem, die Klimaanlage laufe immer, da könne man leider gar nichts tun, nein, das tue ihr leid. Man überprüft, ob man hoch genug wohnt, um mit Erfolg aus dem Fenster zu springen. Man schläft auf dem Zimmerboden ein und deckt sich mit dem Feuilleton der »Frankfurter Allgemeinen Sonntagszeitung« zu.

Tag 3: Depressionen und Karaoke

Man läuft auf dem Messegelände zufällig in Partybekanntschaften von gestern und begrüßt sie mit »Heute lass ich es mal ruhiger angehen«. Man ist etwas zittrig. Man verweilt bei der Lesung eines Wirtschaftstheoretikers, um nicht mehr in Partybekanntschaften von gestern zu laufen. Der Wirtschaftstheoretiker trägt einen weichen Pulli. So weich. Man dämmert ein bisschen.

Dann trinkt man Kaffee. Nachmittags vergisst man einen wichtigen Termin. Am Abend hat man deshalb kein schlechtes Gewissen mehr, dafür wieder ein Glas Riesling in der Hand. Eigentlich wollte man nicht ausgehen, also lag man stundenlang im finsteren Hotelzimmer, bis man sich daran erinnerte, dass finstere Hotelzimmer Brutstätten für depressive Verstimmungen sind. In dem Moment klingelte das Handy, ein Freund sagte, er habe noch eine Einladung von einem Bekannten übrig, ob man nicht doch noch? Man sagt zu und hasst sich ein bisschen selbst.

An der Tür der Veranstaltung behauptet man, man sei ein Literaturagent aus North Dakota, wedelt mit der Einladung und kommt so rein.

Auf der Verlagsparty trifft man jemanden, von dem man dachte, »der mag mich nicht«, und findet heraus, dass es stimmt. Man trifft jemanden, von dem man dachte, »den mag ich«, und findet heraus, dass es nicht stimmt. Ein befreundeter Autor schlägt vor, noch in eine Karaoke-Bar zu gehen. Man weiß aber, dass der befreundete Autor nur grabbeln will. Also schüttelt man den Kopf. Man vermisst den Wirtschaftstheoretiker und seinen Pulli. Man vermisst ihn sehr.

Tag 4: Indien, Indonesien und Indie-Verleger

Man wacht morgens auf und fragt sich, wer da neben einem liegt. Dann fällt es einem ein: niemand. Ist ja Buchmesse. Man zieht die Vorhänge auf. Frankfurt ist immer noch da. Bei sich selbst ist man nicht so sicher. Man schaut auf seinen Kalender. Man schaut schnell wieder woanders hin. Meist stumpf geradeaus. Man zieht das gleiche Zeug wie gestern an, sieht sein Duschgel verächtlich an und fährt mit dem Taxi und schlechtem Gewissen zur Messe.

Dort trifft man einen Kritiker, der sich genauso vorstellt: »Ich bin Kritiker.« Der Kritiker erzählt einem, es gebe noch mehr Hallen außer der 3 und der 4, in der die deutschsprachigen Verlage untergebracht sind. Man sagt dem Kritiker, er solle es ruhiger angehen lassen mit dem Alkohol. Er sieht einen panisch an, doch, doch, sagt er, das ganze Thema der Buchmesse sei sogar Indien oder Indonesien oder ein anderes afrikanisches Land. Man streicht ihm sanft über das Haar.

Beim Termin mit einem Indie-Verleger verschüttet man etwas Kaffee auf seinen Pulli. Der Indie-Verleger ist entsetzt: »Der war teuer!« Er meint den Kaffee, nicht den Pulli.

Abends Verlagsparty. Mittlerweile kommt man ohne Probleme rein, man kennt die Pressefrau von gestern Abend, sie hat beim Karaoke »Help« von den Beatles gesungen. Help. I need somebody. Help. Man lächelt, man umarmt, man sieht jemanden, von dem man dachte, dass er einen nicht mag, und es stimmte zwar mal, aber jetzt stimmt es nicht mehr so sehr, und das ist schön, man umarmt sich und sagt, Mensch, Margarete! Irgendwann sucht man die Toilette, aber auf dem Weg läuft man ständig in Gesprächsrunden. Nach einer halben Stunde hat man vergessen, was man gesucht hat.

Dann passt man zwei Minuten nicht auf und landet in einer Runde, die über Gegenwartsliteratur reden möchte. Man selbst möchte aber lieber wissen, mit wem der Kollege gestern ins Hotel gegangen ist. Man ist zu schüchtern, das zuzugeben. Also sagt man: »Die Gegenwartsliteratur krankt an Mutlosigkeit, ja, es mangelt ihr an entschiedenen Narrativen und politischer Haltung.« Alle nicken. Man darf weitergehen. Kurz darauf läuft man in einen befreundeten Autor, dessen Büchern es an politischer Haltung mangelt. Dafür kann er sehr gut Tiergeräusche nachmachen. Das ist irre lustig, und bald hat man die Gegenwartsliteratur vergessen und tanzt selbst. Zu Amy Winehouse. »Rehab«. Man liegt einander in den Armen und singt: »No, no, no.«

Tag 5: Kopfschmerzen

Man wacht mit schweren Kopfschmerzen auf. Man sieht nicht auf den Terminkalender. Man schreibt dem Chef, dass man sehr krank geworden sei und deshalb den Artikel leider nicht schreiben könne. Der Chef schreibt zurück, man solle sich zusammenreißen, so sei Buchmesse eben.

Man schleppt sich zurück nach Berlin. Man verfasst einen Messereport. Man fällt ins Bett. Der vorletzte Gedanke ist das schöne Kleid der Aufbau-Pressefrau. Der letzte Gedanke gilt dem Menschen, den man liebt. Dem gilt er immer.

Deine Wohnung ist hässlich
und dein Leben das falsche

Coulrophobie bezeichnet die Angst vor Clowns. Das Perfide an Clowns ist die Ahnung, dass jemand hinter der roten Pappnase steckt. Ähnlich verhält es sich beim charmant-skandinavischen Möbelgiganten Ikea. Familienfreundlich und penetrant duzend zeigt er Ihnen, nein dir, auf charmant-skandinavische Weise, wie hässlich deine Wohnung ist, und wie einfach es wäre, das zu ändern.

Bei Ikea muss man nicht nachdenken. Ikea ist Urlaub im Passiv. Als Erstes werden dir sanft die Kinder entzogen, ein bleicher Praktikant schiebt sie ins Småland. »Deine Familie brauchst du jetzt nicht mehr«, flüstert er, »gib mir deine Kinder, du hast jetzt uns«, flüstert er und drückt dir wie zum Beweis ein gelbes Family-Kärtchen in die Hand. Ab jetzt bist du Familienmitglied. Blut ist dicker als Wasser. Du wirst die gelbe Karte nicht verlieren. Du wirst Vorteile kriegen, bis zur Stunde deines Todes. Wahrscheinlich ist das gelbe Kärtchen selbst jetzt nicht weiter als fünf Meter von dir entfernt.

Zuerst passierst du mit vielen anderen Menschen die Ausstellung, Zimmer um Zimmer, geschickt eingerichtet, wohnlich ausgeleuchtet, saubere Farben, simples Design. Freundlich weisen dich Schlafzimmer darauf hin, dass du selbst zu blöd bist, deine Wohnung schön einzurichten. Dass man so wohnen, vielleicht leben könnte. Dass das Glück im blaugelben Konjunktiv liegt. Und dann bietet Ikea dir zum Trost Köttbullar an, traurig schaufelst du dir die Fleischbällchen auf den Teller. »Na ja«, denkst du dir, »immerhin kann ich hier umsonst mein Getränk nachfüllen.« Hättest du auch bei Kentucky Fried Chicken gekonnt, aber da hätte dich niemand grinsend gefragt, ob du noch wohnst oder schon lebst.

Manchmal kannst du sogar eine ganze Wohnung betreten. Dort steht dann »Tine wohnt auf 12 Quadratmetern« an der Tür. Du läufst dann, ohne zu klingeln, in die Wohnung von Tine, die offensichtlich keine Berührungsängste hat, und siehst, dass selbst Ikea-Tine ihr Leben besser im Griff hat als du. Tine wohnt nämlich nicht nur auf 12 Quadratmetern, Tine wohnt auf 12 perfekt eingerichteten Quadratmetern. Tine masturbiert bei dem Gedanken an die Effizienz ihrer perfekt eingepassten Bettkästen und Kleiderstangen, aber wenn sie die Wahl zwischen Masturbation und Raumorganisation hat, räumt sie lieber auf. Wenn man in Tines Badezimmer geht, steht auf dem Klo »Bitte nicht benutzen«.

Du zweifelst sehr kurz sehr stark an der Menschheit, aber Tine lächelt beruhigend von ihrer eigenen Zimmertür herunter und empfiehlt, ihr die Einrichtungstipps einfach nachzuahmen. Du möchtest aber lieber kein Tine-Poster an deiner Wohnungstür haben. Also stehst du ratlos in Tines Wohnung herum und fühlst dich etwas unwohl dabei, einfach ihre Schränke aufzureißen.

Dass Tine so intelligent einrichtet, verwundert beim Blick ins Bücherregal. Tine liest nämlich ausnahmslos Dummys. Vielleicht, denkt man zaghaft, war das dritte Studium doch ein Fehler, vielleicht sind Inhalte überwunden, wenn man sie nur platzsparend in faltbaren Fjälla-Boxen unterbringen kann. Man fragt sich, wann man die Abzweigung verpasst hat, wieso kann Tine auf 12 Quadratmetern glücklich sein, während man selbst sich in den eigenen 60 regelmäßig in den Schlaf weint.

Du möchtest dich in Tines Bett legen, du möchtest warten, bis sie wiederkommt, du möchtest ihr Fragen stellen, auf die sie praktische Lösungen hätte, immer hätte sie praktische

Lösungen. Weshalb wache ich nachts mit Panikattacken auf, würdest du fragen, und Tine wüsste, dass du nur das falsche Kopfkissen benutzt, dass du nur im falschen Bett liegst, dass es egal ist, wer daneben liegt, solange beide Kopfkissen akkurat drapiert und die Spanplatten unkenntlich lackiert sind. Tine wüsste, dass es an deinem Kleiderschrank liegt, dass du ungeschickt ausleuchtest oder das falsche Leben führst. Doch Tine schweigt, starrt von ihrem Pappbild und deutet auf ihr Malm-Bett über der Malm-Kommode neben dem Malm-Schrank.

Malm, denkt man sich also fahrig, das ist also das Geheimnis, wir brauchen alle viel mehr Malm, alles soll Malm werden, und dann notiert man sich Malm, damit man später nicht vergisst, wo man das Glück findet, unten, im Lager. Dabei ist das Lager in Wahrheit ein Kostümverleih für die Themenparty »Glücklich Leben«, auf der du als hässliche Begleitung deiner Wohnung eingeladen bist und vor der du dich fürchtest, weil du im Gegensatz zu Tine sehr wohl Wert auf Privatsphäre legst. Du drehst dich also noch ein paarmal im Kreis, bevor du wieder auf den rechten Weg findest, der auch kreisförmig verläuft, bevor du es schaffst, die Ausfahrt zu nehmen, vorbei an den rotbecouchten Abholzentren.

Du verlässt den charmant-skandinavischen Laden mit tumbem Blick, einem Hotdog in der Hand und wenig Hoffnung. Erst zu Hause fällt dir auf, dass du das Kind vergessen hast. Du lächelst leise, dein Atem wird ruhig. Du hast es geschafft. Du hast endlich Platz gespart.

Im Elektroladen ist der Mensch der Fehler

Media Markt ist der Laden, zu dem man geht, weil er näher als Saturn ist. Im Prinzip ist es aber völlig egal. Beide Ketten gehören seit den 1990er Jahren der Media-Saturn-Holding GmbH. Nur die unterschiedlichen Farben suggerieren Konkurrenzkampf, ansonsten verkaufen beide Drucker und Smartphones, und in beiden vergisst man, was es heißt, Mensch zu sein.

Egal, ob Saturn oder Media Markt, man wird aggressiv angeschwiegen, wahlweise von roten oder blauen Pappschildchen. Man sei doch nicht blöd. Geiz sei geil. Humanismus scheint überwunden, vielleicht passiert das, wenn man nur von Technik umgeben ist.

Es ist Samstag. Ich brauche ein Ladekabel für mein Handy. Es piepst aufgeregt in meiner Tasche und verschwendet seine letzte Energie damit, mir alle zwei Sekunden mitzuteilen, dass es keine Energie mehr habe.

Ich stehe mit Kind an der Hand auf dem Alexanderplatz und muss mich zwischen Saturn und Media Markt entscheiden. »Magst du lieber rot oder blau?«, frage ich etwas ratlos das Kind. »Mir egal, ich will Playsi zocken«, sagt das Kind und lässt mich niemals Mutter werden wollen.

Ich stehe zwischen den beiden Optionen und denke über die Möglichkeit eines Ladekabels nach. Irgendwann zieht mich das Kind über die Straße, es will sein Leben nicht im Konjunktiv verschleudern. Media Markt also.

Über uns hängt ein Schild. »Wer will, der kriegt«, steht da. Ich will lieber nicht.

Ich lasse das Kind ziehen. Es fährt die Rolltreppe hoch, vorbei an einem Schriftzug. »Immer für Sie da«, neben riesigen Lettern verschwindet es aus meinem Blickfeld. Eine Studie hat rausgefunden, dass Ehen proportional zum Preis des Eherings eher scheitern. Die Größe des Klunkers kompensiert die Unsicherheit. Die grellen Farben überall. Die lauten Botschaften. Die viel zu groß geratenen Worte. Vielleicht muss mir Media Markt sehr oft versichern, dass wir zusammengehören, weil er weiß, dass ich immer noch nicht an uns glaube.

Der Media Markt am Alexanderplatz ist sehr groß. Man ist dort sehr klein. Alles piepst und trötet und macht Geräusche. Und selbst schweigt man in Ehrfurcht vor all der Zukunft, die man sich nicht leisten kann.

Ich durchquere einen Wald an Fernsehern. Stumm, synchron und dutzendfach läuft ein Fußballer über Bildschirme in Leinwandgröße.

Die Fernseher haben Wireless und sind smart.

»Die Fernseher haben Wireless und sind smart«, sagt ein Verkäufer zu einem jungen Paar.

»Ach so«, antwortet ein Kunde. Auf seinem Pulli steht: »L. A. is my next stop.« Ich möchte mitkommen.

Vielleicht ist das Schlimme an diesen Elektro-Riesen, dass darin alles so scheinbar funktioniert. Man kommt herein, als fehlerhafter Mensch, vielleicht hat man gerade die Frau, die man liebt, betrogen, oder Eier aus Käfighaltung gekauft, und plötzlich ist man umgeben von Perfektion. Glatte Laptops, Betriebssysteme, die immer schneller werden, Handys und Fernseher, smarter als man selbst.

Der Mensch hadert, aber von Geräten weiß man: »Soo! muss Technik.« Hier wird nicht verhandelt. Hier hat man 15 oder 17 Zoll. HD-Kamera oder nicht. Alles ist absolut, und eigentlich ist nur der Kunde ein ärgerlicher Fehler im System. Und weil die Verkäufer entgegen dem Klischee alle sehr freundlich und sehr bemüht sind und weil Ratenzahlung hier quasi nichts kostet und weil alles schwierig ist, kauft man sich eben ein Samsung Galaxy. Das kann man dann nach Hause tragen, damit wenigstens irgendetwas funktioniert, bis die Garantie abläuft und es kaputtgeht. Geräte gehen immer erst kaputt, wenn die Garantie vorbei ist oder wenn man die Rechnung vorher verloren hat. Dann kommt man wieder, ein, zwei Jahre später, und alles sieht genauso aus wie vorher, nur noch besser, noch schärfer, noch schneller.

Ich finde das Ladekabel, das geht einfach. Man verirrt sich nicht in Elektromärkten. Alles ist übersichtlich. Alles ist einfach, alles funktioniert, aussuchen, mit Smartphones ratlos Bilder von anderen Smartphones machen, um die Kamera zu testen, und ja, da erscheint ein Bild, die Kamera tut, was Kameras tun sollen, und dann trägt man sein Päckchen zur Kasse, denn jeder hat seins zu tragen, und man möchte nicht unangenehm auffallen.

Man geht zur Kasse, man bezahlt, man verstaut die Rechnung ordentlich im Geldbeutel, man wird darauf hingewiesen, dass man nach der Pin-Eingabe auf Grün drücken muss, obwohl man das weiß, und dann verlässt man den Laden. In der Hand trägt man eine Tüte, entweder blau oder rot, das Kind an der anderen, und schämt sich auf dem Nachhauseweg für seinen verstaubten Zukunftspessimismus.

Leg dich gehackt

Heute musste ich mich ärgern. Dreimal. Zweimal wegen etwas, das niemanden was angeht, und einmal, weil in einer Frauenzeitschrift eine Anzeige zum Kauf einer anderen Frauenzeitschrift anregen sollte. Auf dieser Anzeige war Folgendes zu sehen: Eine brünette Frau lächelt in die Kamera. Vor ihr ist ein Notizzettel abgedruckt, der suggerieren soll, dass die Brünette aufgrund dieser selbstverfassten Botschaft das Grinsen nicht sein lassen kann. Darauf steht: »Lieber Neid, ständig willst du mir einreden, dass andere Frauen reicher, schöner und glücklicher sind als ich. Dabei wissen wir beide, dass das ziemlicher Quatsch ist. Also leg dich bitte gehackt.«

Abgesehen von der niederträchtigen Methode, die eigene Unsicherheit zum Kauf einer Frauenzeitschrift zu instrumentalisieren, ärgert mich vor allem der letzte Satz. LEG DICH GEHACKT. Was bedeutet das? Was heißt das, sich gehackt legen? Ist es eine Redewendung, die jeder Müllermilch-Konsument aus dem sogenannten Effeff beherrscht? Und wieso ist sie mir dann nie untergekrochen? LEG DICH GEHACKT.

Weil die Frauenzeitschrift eine besonders große ist, haben sie sich bei der Kampagne nicht lumpen lassen. LEG DICH GEHACKT, diese Anzeige springt mir bei der Lektüre jedes Hochglanzblattes entgegen wie mein geliebtes Hündchen, aber halt nicht in wuschelig und geliebt, sondern in doof und gehackt. LEG DICH GEHACKT. Wie konnte eine Redewendung ein Leben lang an mir vorbeiziehen wie sonst nur Deadlines?

109

LEEEG. DIICCCHH. GEHAACKKKT. Davon ab: Es ist sehr wohl davon auszugehen, dass es auf diesem wüsten Planeten ganz sicher irgendwo Frauen gibt, die durchaus reicher, glücklicher und schöner sind als die grinsende Brünette, die Botschaften an ihre Gefühle in Magazinen abdrucken lassen muss, um sich ihrer selbst sicher zu sein.

In solchen Situationen wünsche ich mir eine Zeitmaschine. Dann würde ich diesen Werbetexter in seiner Hamburger Altbauwohnung aufsuchen, ihm eine knallen und danach sehr sanft »Leg dich gehackt« in sein Ohr flüstern. »Was heißt denn das?«, würde der Werbetexter verängstigt nuscheln. »Das heißt, dass Ihre Frau Sie seit drei Jahren mit dem Gemüsehändler betrügt«, würde ich raunen.

Dann aber reicht es mit den »sagen«-Synonymen, husch, husch wieder in die Gegenwart mit meinem Maschinchen, und nichts wäre passiert.

»Aber, dann lass das doch mit der Frauenzeitschrift- und Frauenzeitschriftanzeigenlektüre, wenn dich das so ärgert«, quäkt da gleich ein Leser. Das geht aber nicht, denn erstens fehlt mir dann hier die Hälfte des Textes, und Inhalte generieren ist eh schon schwer genug. Und zweitens lese ich IMMER Frauenzeitschriften, wenn ich kreuzunglücklich bin. Dann möchte ich nicht aufstehen, nicht essen, nicht rauchen. Ich möchte einen Stapel Frauenzeitschriften neben meinem Bett haben und mich für Eyeliner in kobaltblau interessieren. Wenn ich nämlich stattdessen Musik höre, denke ich in meinem Unglück immer: »Dieser Song trifft so auf mich zu, o weh, o weh«, und wälze mich in Schmerz und Bett. Und wenn ich einen Film sehe, denke ich: »Denen geht es ganz genauso schlecht wie mir!«, und wälze mich in Schmerz und Bett. Und wenn ich Bücher lese, denke ich: »Dem Autor geht es so arg wie mir, nur dass er besser schreiben kann«, und schon wälze ich mich in ja, ja, Sie wissen schon.

Nur wenn ich über kobaltblauen Eyeliner lese, denke ich:

»Das geht mich überhaupt kein bisschen an, interessiert mich keinen Millimeter und erinnert mich nicht daran, dass das Leben sinnlos und die Liebe unmöglich ist.«

Viele Therapeuten verdienen ja unanständiges Geld, weil sie den Verunsicherten, Schmerzgeplagten einreden, man müsse sich nur ausreichend mit sich selbst beschäftigen, um nie wieder in dieser muffigen Praxis einem muffigem Therapeuten gegenüberzusitzen. Das ist natürlich eine Lüge, denn sonst wären die Psychologen ja ganz fix arbeitslos.

Meine wenigen Therapieversuche liefen immer gleicherma-ßen ab: Ich wurde dazu aufgefordert, über allerlei Unangeneh-mes zu sprechen, und es laut auszusprechen vergegenwärtigte mir all das, was mein Unterbewusstsein so hübsch in einer Schublade ganz weit im Hinterkopf aufgeräumt hatte, und ich fühlte mich noch viel miserabler und wälzte mich danach wieder in Schmerz und Bett.

Denn an sich halte ich das Verdrängen und Vergessen für eine ganz fabelhafte Angelegenheit. Dass Dinge in der Erinne-rung immer schöner wirken und Nostalgie die Vergangenheit in fluoreszierendes Leuchten färbt, ist zwar ärgerlich für die Gegenwart, die es im Vergleich natürlich schwer hat, aber doch sehr angenehm für mich. Was mir in all dem Bett und Schmerz-gewälze tatsächlich am meisten hilft, ist die Beschäftigung mit allem, was mich rein gar nichts angeht und auf gar keinen Fall mit mir zu tun hat. Denn da geht das Hinterfrage und Gezweifle wieder los, neue Rückschlüsse werden gezogen, und das alles nur in der irrigen Annahme, dass Erkenntnis irgendwie helfen würde. Stimmt aber nicht. Lösungen schaffen nur neue Pro-bleme. »Aber, was schafft denn keine Probleme?«, jault der Leser wieder auf. Hier die Antwort: kobaltblauer Eyeliner.

PS: Sollte sich bei der Lektüre meines küchenpsychologischen Ausbruchs eine zarte Seele auf die Füße getreten fühlen, weil die eigene Therapie als durchaus hilfreich empfunden wurde, freut mich das sehr, und mein Text soll nicht als Aufforderung dienen, die eigene, viel kostbarere Erfahrung in ein ungünstiges, kobaltblaues Licht zu rücken. Ich war nämlich nicht bei allen Therapeuten der Welt, sondern nur bei zweien, und bei den Sitzungen war ich vielleicht auch nicht besonders kooperativ, sondern abgelenkt von kreisenden Gedanken um Redewendungen wie »Leg dich gehackt«.

Rette dich,
das Leben ruft

Das Leben ist schön. Das denke ich so dumpf vor mich hin, weil ich die Alternative zum Leben nicht genau kenne. Bisschen wie bei Entführungsopfern, die sich an ein normales Dasein nicht mehr erinnern können. Das Leben zu lieben ist nichts anderes als das Stockholmsyndrom.

Um ehrlich zu lieben, muss man sich die Alternativen zumindest vorstellen können. Je mehr es davon gibt, desto schwieriger.

Evas Alternative zu Adam etwa waren lediglich garstige Schlangen und ein paar andere Viecher. So schafft das jeder Trottel mit der Monogamie. Eine moderne Eva hat es da schwerer. Hier ein Telefongespräch mit ihrer besten Freundin:

FREUNDIN: Hi, Eva, du, wie geht es dir denn so? Bist du eigentlich noch mit Adam zusammen?

EVA: Hi, du. Also, der Adam ist schon voll nett und so, aber ehrlich gesagt kriselt es da gerade ein bisschen. Ich meine, er ist schon so der Typ ich-will-eine-Familie-mit-dir-gründen, aber keine Ahnung, ich finde, der schaut manchmal so ein bisschen komisch, kennste das?

FREUNDIN: Kenn ich voll!

EVA: Na ja, und einen richtigen Job hat der halt auch nicht. Und ich weiß nicht, ob man auf pures Gottvertrauen langfristig aufbauen kann. Vor ein paar Jahren fand ich seine entspannte Sicht aufs Leben ja noch süß, aber jetzt ...

Ich mein, er sagt jetzt seit Jahren, dass er »vielleicht Landschaftsgärtnerei« studieren will. Und ich dann so: »Von vielleicht wurde noch keine Landschaft gebaut«, und dann zuckt er nur mit den Schultern. Ich hätte ja nix dagegen, aber de facto gammelt er dann doch nur herum.

FREUNDIN: Wo hattet ihr euch noch mal kennengelernt?

EVA: Unter einem Baum. Auf einer Wiese.

FREUNDIN: Oookay, dachte Tinder.

EVA: Nee, Tinder, das war Mike.

FREUNDIN: Mike, dein Ex Mike? Psycho-Mike?

EVA: Na ja, Psycho vielleicht, aber der hat mir immerhin nicht ständig gesagt, was ich essen darf und was nicht.

FREUNDIN: Das macht Adam? End-Ungeil ...

(Einschub: Ich weiß auch nicht, warum Evas Freundin so einen unangenehmen Sprachgebrauch zutage fördert.)

EVA: Schon, ne? Man sollte einfach Frauen daten. Ich bin ja ein moderner Mensch, also habe ich selbstverständlich auch diesbezüglich schon Erfahrungen gesammelt. Na ja, ich muss jetzt los, Cake-Pops backen.

FREUNDIN: Was für Dinger?

EVA: Das sind so kleine Kuchen in Lollyform. Tschüs!

FREUNDIN: Ciao-i.

Meine Güte, denkt man sich, das ist ja ein grauenhafter Dialog, der Adam hat's aber auch nicht leicht mit seiner illoyalen Cake-Pop-Eva. Lang hält das nicht! Wenn Eva aber nicht mit Psycho-Mike zusammen gewesen wäre und sich nicht mit ihrer nervtötenden Freundin über Adams mangelnden Antrieb beschweren könnte, wären die beiden unter Umständen doch glücklich miteinander.

Arme moderne Eva! Ich weiß gar nicht, warum Alternativen immer so attraktiv aussehen. Warum sie so hübsch blitzen. Ich

tu mich schon mit dem Imperativ schwer, warum also ver-
schwendet man so viel Zeit auf den hysterischen Konjunktiv.
Die Möglichkeit ist auch nur Ist-Zustand mit ein bisschen
Lametta.

Man trägt sich jetzt selbst

Ich fahre ungern Tram, denn erstens ruckelt es, und zweitens verzichten die Fahrgäste neben mir stets auf den Plastikdeckel für ihren Frappé-Kaffee-Kram. Für die Umwelt und damit sich das heiße Geschwapp leichter auf mein neues Hemd verschütten lässt.

Modisch verwahrlost zuckelt sich das Bähnchen durch das gähnende Berlin. Früh ist es, und Hochsommer. Um mich herum viele liebe Menschen, die schön aussehen könnten, sich aber dazu entschlossen haben, ihre Oberbekleidung lieber dazu zu nutzen, authentisch zu sein.

Neben mir steht ein Mädchen, auf dessen T-Shirt in pinken Lettern »I'm a bitch« steht. Das ist Englisch und bedeutet: »Ich bin eigentlich überhaupt keine Bitch, sondern ein liebes Mädchen aus Kleinmachnow, aber Lena aus der 10b hat auch so ein Shirt, und bei ihr sieht das ganz schön selbstbewusst aus.«

Noch ratloser macht das Kleid ihrer Freundin. Darauf steht quer über die Brust »DUMP HIM«, also »Verlass ihn«. Das ist schlicht unhöflich. Die Frau kennt meinen lieben Mann doch gar nicht. Wieso soll ich den verlassen? Will sie ihn mir wegnehmen, weil er so schön singen kann? Ich kann doch nicht nach Hause gehen, dem lieben Mann einen Koffer voller Habseligkeiten packen und sagen: »So, raus hier, es ist Schluss, ein T-Shirt in der Tram hat darauf bestanden.« Da wird der doch traurig!

Das Ganze ist kein Jugendphänomen. Mir gegenüber sitzt eine Frau Ende 50 und blättert in einer dieser bunten Zeitschriften, die jede Woche versprechen, mit der Kohlsuppendiät würden diese lästigen Pfunde nun wirklich mal purzeln. Über ihrem Bauch prangt, diesmal in hellem Blau: »I like the simple things.«

Dabei sieht man ihr die Vorliebe für einfache Dinge doch an der Lektürewahl an. Das Ganze ist deshalb verstörend, weil ich es eigentlich gewohnt bin, dass Menschen, die mir Dinge erzählen, eine Reaktion darauf erwarten.

Leute, die mir eindringlich versichern, ich solle den lieben Mann verlassen, möchte man doch eigentlich fragen: »Aber warum nur? Er hat erst gestern mein Lieblingsgericht, Steak mit Bohnen, für mich gekocht und ist auch ansonsten ein liebevoller Brocken Mensch, den zu verlassen mir großen Schmerz bereiten würde.«

Das will das Mädchen aber gar nicht. Die Bitch will auch nicht, dass ich sie Bitch nenne. Die Frau, die die einfachen Dinge liebhat, möchte wahrscheinlich nicht in einer vollgestopften Tram die schönsten Wanderziele des Schwarzwalds diskutieren.

Sie möchten allesamt nur, dass ich mir Gedanken über sie mache, und das finde ich gemein, denn gerade in öffentlichen Verkehrsmitteln habe ich ein großes Interesse daran, meine Mitmenschen nicht näher kennenzulernen.

Diese textilgewordenen Instagram-Beiträge sind sehr selten interessant. Das ist das Arge am aktuellen Authentizitätshype: Alle sind penetrant sie selbst, aber leider ist »man selbst« nur in den seltensten Fällen irgendwie interessant für den Rest des blauen Planeten.

Ich kann das belegen: Nie finden sich Menschen interessanter, als wenn sie definitiv nicht sie selbst sind. Wie viele Menschen, die einander nicht kannten, werden sich heute in Köln küssen? Und wie viele am Rosenmontag, verkleidet als Welt-

raumrakete? Ich weiß gar nicht, woher diese Authentizitäts-
sehnsucht kommt.

Authentisch sollte man in den eigenen vier Wänden sein.
Dort kann man dann authentisch im Serienkoma Kartoffel-
chips mit Essigaroma in sich schaufeln, und sich authentische
Gedanken darüber machen, ob das wahre Ich tatsächlich so
schöngeistig und feinsinnig ist, dass man es der ganzen Welt
zumuten sollte.

Früher argwöhnte man nur, dass der Großteil der Bevölke-
rung recht uninspiriert sei. Heute weiß man es, weil Leute es
einem auf ihren T-Shirts verraten. Habe ich gerade eine lamen-
tierende Passage mit »früher« eingeleitet? Wie so ein onkeliger
Tageszeitungskolumnist? Ja, habe ich, pfui, also schnell einen
frischen, ermunternden Gegenvorschlag hinterherschieben:

Folgende T-Shirt-Aufschriften würden mich nicht zu onke-
ligen Textbeiträgen, sondern zu warmen Umarmungen inspi-
rieren: »Ich finde, Mayonnaise ist eines der hassenswertesten
Lebensmittel der Welt.« Sofort würde ich diesen Shirt-Träger
in mein Herz schließen!

Oder: »Ich nehme mir seit zwei Wochen vor, mal wieder
meine Großmutter anzurufen, und habe dann nachts ein
schlechtes Gewissen, weil ich es schon wieder vergessen
habe.« »Oh, so geht es mir auch, gräme dich nicht allzu sehr!«,
würde ich da ausrufen, ein Kuss (ohne Zunge, ich bin doch
nicht so ein onkeliger Tageszeitungskolumnist) wäre nicht ausgeschlossen.

Statt eines blaffenden »DUMP HIM« würde ich lieber Folgendes auf einem Kleid lesen: »Es geht mich wirklich überhaupt nichts an, was die Leser meines Shirts für Beziehungen
führen, aber weil Malte mich vorgestern für diese Tabea mit
dem Bitch-Shirt verlassen hat, würde ich am liebsten allen
Männern von hinten Messer in den Rücken rammen. Ich mein
das nicht persönlich.« Armes Mädchen!

Auch schön fände ich, wenn sich die T-Shirts endlich von

ihren Trägern emanzipieren würden. Ein schöner Aufdruck wäre: »Beachtet mich gar nicht, ich bin nur ein T-Shirt, bisschen Polyester, bisschen Baumwolle, nicht der Rede wert.«

Umziehen ist das Letzte

Dies ist eine Joker-Kolumne. Ich ziehe nämlich momentan um. »Oh, umziehen, phantastisch, Umzüge, das ist ja besser als Bildungsurlaub und glutenfreie Muffins ZUSAMMEN!«, das sagt keiner, und damit hat er ganz recht.

Es ist überhaupt nicht verwunderlich, dass die Steinzeitmenschen nicht alt geworden sind. Den Umzugsstress eines Nomadenlebens würde ich mir auch nicht länger als 30 Jahre antun, da kann das Essen noch so bio sein. Einziger Vorteil: Die Möbel unserer Vorfahren waren nicht von Ikea. Ikea, das ist ein schwedischer Möbelkonzern, den es hauptsächlich gibt, damit deutsche Kolumnisten ein Thema haben.

So stellt man sich das Kolumnisten-Leben vor: Morgens schön Croissants, mittags den Tag vorbeiziehen lassen und abends bei einem Glas Spätburgunder eine Bei-Ikea-fehlt-immer-ein-Teil-Kolumne in die Tasten hauen. Dann geht man früh ins Bett mit dem guten Gefühl, Tausenden Lesern ein Lächeln auf die Gesichter gezaubert zu haben.

Ähnlich verhält es sich mit der Deutschen Bahn. Der Kundenservice mag miserabel sein, der Kolumnistenservice ist erste Klasse: groteske Verspätungen, wahnwitzig unfreundliche Kontrolleure, Klimaanlagen, damit es zusätzlich zu den Zügen noch etwas gibt, das ausfallen könnte. Die Bahn bietet Stoff für unzählige Cartoons, Glossen, Kabarett-Bühnen. Wenn mir in einem überfüllten Regionalexpress ein Obdachloser ins Gesicht spuckt und danach herzlich »Gesundheit« wünscht, denke ich als Erstes: geil! Die Kolumne dieser Woche ist so gut wie geschrieben.

Die Gegenwart ist unordentlicher als meine neue Wohnung.

Ikea und die Bahn sind die Wildcards der deutschen Zeitungen, und jetzt bin ich mal an der Reihe. Für große Themen habe ich diese Woche auch überhaupt keine Zeit. Ich muss umziehen. Ich muss wichtige Termine versäumen. Ich muss Anschlusszüge verpassen. Ich muss Bälle nach virtuellen Pokémons schmeißen. Und natürlich muss ich noch eine Freundin anrufen, damit sie mir hilft, die Ikea-Möbel anzuschreien.

Da bleibt keine Zeit für scharfe Analysen der aktuellen politischen Lage. Die Gegenwart ist furchtbar unordentlich, noch unordentlicher als meine neue Wohnung voller Ikea-Kartons. Ich brauche Tage, Wochen, Jahre um Axt-Amokläufe, verstörende Trump-Reden und Putschversuche richtig einordnen zu können, und dann interessiert es schon keinen mehr. »Hm, ein Kommentar direkt nach dem Vorfall, wie toll«, so denkt der Leser. An die Kolumnisten denkt er nicht. Die Woche war traurig, die Nachrichten waren beunruhigend, die Lage chaotisch.

Eine Woche, in denen ich den Menschen nicht viel mehr mitgeben kann, als dass es bei Ikea ein Sitzkissen mit dem Namen »Kackling« gibt.

Meine Frau hat
einen Stalker

Ich warte auf eine wichtige Mail. Ich weiß nicht auf welche oder von wem, nur dass sie sehr wichtig ist. Seit einer Woche habe ich das Haus nicht verlassen, das WLAN habe ich dreimal überprüft, daran liegt es nicht.

Die Mail ist wichtig, denn sie muss mich retten. Früher dachte ich, Menschen könnten mich retten, aber dann hat meine Frau mich verlassen, um sich selbst zu finden.

Ich sagte: »Aber hier bist du doch«, und sie schüttelte den Kopf und sagte, ich verstünde mal wieder überhaupt nichts. Das war eh eine Zeit, in der sie sehr oft »mal wieder« sagte, und manchmal auch was anderes, »eh nicht« zum Beispiel oder »nie«, und eben als Letztes: »Ich muss mich selbst finden.«

Sie glaubte im Gegensatz zu mir nicht, dass sie ganz und gar hier sei, sondern vermutete sich eher in einem Vier-Sterne-Ayurveda-Resort in Indien.

Das stimmte damals nicht, aber zwei Wochen später stimmte es doch, und hoffentlich hat sie sich gefunden, denn ich habe sie verloren und kann nicht mehr bei der Suche helfen.

Als ich ihr in einer E-Mail schrieb, dass mir das leidtue, schrieb sie zurück: »Hello People, dies ist eine Abwesenheitsnotiz, ich bin gerade im Sabbatical, Ihr könnt mir auf meinem Instagram-Account @YogaLoverIndia folgen! In wichtigen Fällen melden Sie sich doch bitte bei meiner Kollegin Katrin Graf.«

Und obwohl die Eifersucht mir den Atem nahm und ich mir vorstellte, wie ich diesen YogaLover in Indien zerlegen würde, wenn ich nur etwas entschiedener wäre, meldete ich mich bei Katrin Graf. Denn ein wichtiger Fall ist es doch in jedem Fall, wenn die Frau verloren geht.

Katrin Graf hatte allerdings von meiner Frau den Auftrag bekommen, mich abzuwimmeln, und den müsse sie jetzt erst mal erfüllen, bevor sie mir weiterhelfen könne. Katrin Graf ist sehr gewissenhaft, immer wieder schrieb ich ihr und fragte nach meiner Frau, und immer wieder sagte sie gar nichts, so einen Job wünscht sich natürlich jeder.

Nachdem ich es ein paar Wochen lang immer wieder versucht hatte, schrieb Katrin Graf irgendwann auf Twitter, dass sie einen Stalker habe, #creepy. Ich freute mich für sie, denn ich wiederum hatte immer noch gar nichts, keine Spur, keine Frau, nicht mal einen Stalker.

Seitdem warte ich auf die wichtige Mail, und ich glaube sehr daran, dass sie bald kommt, weil das Nicht-Glauben doch noch nie geholfen hat, mir zumindest nicht.

Ein Tag mit den Obamas

Es ist ziemlich sicher, dass Barack Obama manchmal nachts nicht schlafen kann, weil ihm endlich ein guter Konter für ein Gespräch einfällt, dass er in der achten Klasse geführt hat. Es ging damals um seine Wurftechnik, der Coach hatte ihn irgendwie angefahren, egal, jetzt auf jeden Fall fällt ihm die perfekte Retourkutsche ein, und er wälzt sich unruhig hin und her.

Michelle ist genervt, murmelt so etwas wie »Get some sleep, Mister President«, das ironische »Mister President« kann sie sich einfach nicht abgewöhnen, es ist ein Insider, das erste Mal nannte sie ihn so, als die beiden sich am College kennengelernt hatten, bis an die Spitze, zusammen, das war schon damals für beide klar.

Barack murmelt dann irgendwas von einer schwierigen Nahostentscheidung und denkt wieder, das wäre es gewesen, der Scheißcoach hätte nie wieder gewagt, ihn so blöd anzulabern, und dann ist das Arschloch auch noch gestorben, bevor er Präsident wurde, Schlaganfall mit Mitte 40, das ärgert Barack immer noch, wer stirbt bitte mit 40 an einem Schlaganfall. Er wird immer wacher, er steigert sich richtig rein. Scheiße, schon halb vier.

Irgendwann ist es dann Morgen, und Barack könnte schwören, er habe kein Auge zugetan, aber Michelle sagt, Unsinn, er habe die ganze Nacht friedlich geschnarcht, während sie sich Sorgen gemacht habe wegen des schlechten Essens in den

Schulkantinen, aber ihre Sorgen interessierten ihn wieder gar nicht.

Beim Frühstück starrt man sich also ein bisschen finster an. Dann wieder Termindruck usw. Am Abend kurzer Whats-App-Austausch. Michelle: »Baby, du solltest weniger arbeiten.« Und Barack schreibt zurück: »Seit wann texten wir auf Deutsch?« Genervt organisiert Michelle einen Wohltätigkeitsball.

Am Abend essen die beiden mit einem Comedy-Star. Der Comedian soll die beiden in einem Sketch volksnäher machen, deswegen erzählt Barack, dass er in Studienzeiten »auch gern mal an einem Joint gezogen habe« und überhaupt auch gerne Netflix schaue, wie so ein ganz normaler Mensch.

Der Comedian lacht hysterisch, »Haha, normaler Mensch, das ist gut, das ist witzig!«, und Obama lacht zurück, Michelle fühlt sich ausgeschlossen. Sie nimmt die Hummergabel und ersticht den Comedian. So richtig klappt es nicht, die Gabel ist zu stumpf, nie klappt was, der Comedian zuckt und zuckt und verreckt einfach nicht.

»Lass doch, Sweetheart«, sagt Barack und streicht ihr sanft über die Wange, »das übernimmt Phil für uns, wozu sind wir denn ganz oben und an der Spitze.« Aus einer Ecke kommt Phil, nickt demütig, er soll hier keine weitere Rolle spielen, nur so viel, der Comedian sollte nie wieder jemanden volksnah machen.

Die Obamas jedenfalls gehen müde ins Bett. Nicht diese wohlverdiente Müdigkeit, die man sich so vorstellt für Präsidentenpaare, sondern eine pure Müdigkeit von allem, und voneinander auch ein bisschen, auch wenn sie das nie zugeben würden. Sie sind doch ein Powerpaar. Barack retweetet noch einen Post von Jan Böhmermann. Das macht ihn volksnah. Vielleicht nicht hier in Amerika. Aber vielleicht anderswo. An einem anderen Ort. Das ist alles möglich. Was wissen wir schon von den Obamas.

Was
gegen das
Schlimme
hilft

Neun phantastische Tipps
gegen Schüchternheit

Und dann trifft man zum ersten Mal einen Menschen, der nicht völlig grauenhaft wirkt. Arg! Besonders arg, wenn dieses Menschlein phantastisch scheint, wenn man also plant, mit ihm einige Stunden und die Jahre bis zum Tod verbringen zu wollen. Deswegen hier 10 Tipps gegen Schüchternheit beim ersten Treffen:

1. Betrinken Sie sich drei Stunden vor dem Date zu Hause. Betrinken Sie sich mit hartem Zeug, Wodka zum Beispiel. Hören Sie nicht auf Ihre Freunde, die Ihnen davon abraten, die gönnen Ihnen nur Ihr Glück nicht. Betrinken Sie sich so sehr, dass Sie völlig blau auf Ihrem Wohnzimmerteppich einschlafen. Auf diese Weise verschlafen Sie das Date. Entschuldigen Sie sich am nächsten Tag und erklären Sie ihm, was passiert ist. Verabreden Sie sich erneut. Wiederholen Sie Punkt 1, bis er genug von Ihrer Unzuverlässigkeit hat und Ihnen ein Alkoholproblem unterstellt. Erzählen Sie Ihren Freunden, er habe Ihnen Alkoholismus unterstellt, ohne Sie auch nur einziges Mal getroffen zu haben. Lassen Sie sich den Typen von Ihren Freunden ausreden. Sie brauchen niemanden, der mit Anschuldigungen um sich wirft.

2. Tragen Sie beim Date eine schöne, bunte Papiertüte über dem Kopf. Auf diese Weise sieht er nicht, wenn Sie während des Gesprächs erröten. Wenn Sie möchten, können

Sie die Papiertüte vorher liebevoll dekorieren, vielleicht mit dem Emblem seines Lieblingsvereins. Männer lieben kreative Frauen! Andersrum gilt das Gleiche, denn auch Frauen mögen Fußball.

3. Verabreden Sie sich mit Marc für den 1. Dezember zum Dinner. Tragen Sie in Ihren Kalender »2. Dezember Dinner mit Marc« ein. Fragen Sie mich nicht, wer zur Hölle Marc ist. Er wird schon ganz nett sein, und Sie sind wirklich nicht in der Position, Ansprüche zu stellen.

4. Üben Sie Konversation vor dem Spiegel. Erzählen Sie Ihrem Spiegelbild Ihre drei Lieblingswitze. Lachen Sie über Ihre Witze. Sehen Sie in den Spiegel: Ihr Gegenüber lacht ebenfalls! Sie sind schön! Verlieben Sie sich in sich selbst. Sagen Sie dem Date ab, schließlich haben Sie jetzt jemanden gefunden, der genauso tickt wie Sie.

5. Reden Sie während des ersten Dinners nur über Ihre letzte Beziehung. Es hilft, über Themen zu reden, mit denen man sich gut auskennt. Wenn Ihr Gegenüber immer einsilbiger wird: einfach weitermachen. Hilft ja nichts. Nicht aufhören. Nie aufhören. Auch nicht, wenn er vom Tisch aufsteht und das Restaurant verlässt. Reden Sie weiter über Ihren Ex. Wenn keiner der anderen Gäste zuhört, reden Sie einfach lauter. Über seine Haare. Seinen Duft. Den ersten gemeinsamen Urlaub. Erinnern Sie sich an alle seine guten Eigenschaften. Fangen Sie an zu weinen. Sehen Sie ein, dass Sie noch nicht über ihn hinweg sind. Brüllen Sie andere Gäste an, dass sie schon noch sehen werden, was sie von ihrer Scheißbeziehung haben. Fahren Sie zur Wohnung Ihres Ex. Klingeln Sie Sturm. Wenn er nicht da ist: Öffnen Sie die Tür mit einem Dietrich. Legen Sie sich nackt in sein Bett. Verbrennen Sie die Bilder seiner Neuen. Männer lieben Überraschungen!

6. Verabreden Sie sich für Januar 2038. Wenn das Menschlein nicht so lange warten will, hat er Sie eh nicht verdient.

7. Bereiten Sie sich auf das Date vor. Legen Sie sich Gesprächsthemen und gute Anekdoten bereit. Üben Sie kluge Sätze ein. Bitten Sie das Menschlein, Ihnen bei der Vorbereitung zu helfen.

8. Reden ist Silber, Schweigen ist Gold! Sagen Sie während des gesamten Dates nichts. Kein einziges Wort. Wer nichts sagt, braucht sich auch für nichts zu schämen. Das lässt Sie mysteriös wirken. Außerdem erfahren Sie so mehr über ihn. Zum Beispiel, dass er nicht auf Leute steht, die nicht reden. Interesting!

9. Verabreden Sie sich an einem Ort, an dem Sie sich wohl fühlen, zum Beispiel Ihrer Badewanne, dem Wohnzimmer Ihrer Eltern oder dem Bett Ihres Exfreundes. Das macht locker!

Wo das Leben schön ist

Das Glück lebt auf dem Land. Das weiß ich, denn in der Stadt wohnt es nicht. Dort hat sich vor langer Zeit schon die Enttäuschung breitgemacht. Die Enttäuschung verpasst mit einem die letzte S-Bahn, schleicht sich auf Tinderdates, zerstört hoffnungsvolle Start-ups, zuletzt wurde sie auf dem Gelände des neuen Berliner Flughafens gesichtet.

Die Stadt ist ein Ort für Menschen, denen sie vor langer Zeit mal etwas versprochen hat. Kultureller Austausch, flüsterte sie, unvergessliche Partynächte, schwor sie, spannende Jobs, lockte sie. Spätestens als sie »Super Verkehrsanbindung!« wisperte, hätte man skeptisch werden sollen. Aber die Stadt ist gut im Versprechen. Die Menschen kamen.

Sehr schlecht allerdings ist sie im Halten ihrer Versprechen, und deswegen ist die Stadt ein Ort voller sehnsüchtiger Menschen geworden. Menschen, die aus lauter Langeweile Frutarier werden, schlechtbezahlte Praktika annehmen und in sehr kleinen Zimmerchen wohnen, um sich das Fixie-Bike leisten zu können, mit dem sie dann noch schneller zur nächsten Enttäuschung sausen können.

Hohe Erwartungen sind ein guter Nährboden für die Desillusionierung, aber die Sehnsucht ist flexibel, irgendwo muss das Glück ja sein, denkt sich der Städter, bis er irgendwann vor lauter Verzweiflung die »Landlust« abonniert. Er träumt weiter, der Städter, von einer alten Scheune auf dem Land, von einer Datsche am See.

Unglücklich ist er, und versprechen tun immer nur die Orte etwas, an denen man gerade nicht ist. Ich möchte wissen, ob die Menschen auf dem Land tatsächlich glücklicher sind. Ob die Sehnsucht recht hat.

Es ist zwei Uhr nachmittags, und ich hasse mich. Ich sitze im Auto, Regen prasselt auf das Dach, und ich versuche, den Bürgermeister von Pinnow zu erreichen. Pinnow war mein Ziel für diesen Trip aufs Land, ein Dorf in Brandenburg, etwa eineinhalb Stunden von Berlin entfernt, weit genug weg, um nicht mehr in der festen Hand von Städtern zu sein, klein genug, um den Topos »Landleben« zu untersuchen.

Ich wollte mich vor Ort mit den Bewohnern unterhalten und rief deshalb am Tag zuvor den Bürgermeister von Pinnow an. Die Handynummer stand auf der Website des Dorfes, ich fand das rührend, und genauso rührend war der Mann auch am Telefon, wir verabredeten uns für halb fünf in der Kuckucksallee. Nun allerdings weigert sich mein GPS, mich nach Pinnow zu führen, »Ich kenne da keine Kuckucksallee«, beharrt es, »nee, ganz sicher nicht.«

Ich google die Postleitzahl von der Adresse, die der Bürgermeister mir gegeben hatte. Es erscheint ein Dorf, allerdings etwa dreieinhalb Stunden von Berlin.

Nach zwei Sekunden dämmert es mir.

Ich habe mich mit dem falschen Bürgermeister verabredet. Also tippe ich die unangenehmste SMS meines Lebens: »Hallo, lieber Bürgermeister, leider habe ich Ihr Pinnow verwechselt.«

Der Regen prasselt stärker auf das Autodach, wie kann man nur so dermaßen bescheuert sein und Pinnows verwechseln. Aus Rache an den Pinnows fahre ich los, raus aus Berlin, in irgendein Dorf, das garantiert nicht Pinnow heißt.

Die Stadt lässt mich ziehen, die Häuser werden niedriger, die Straßen baumbesäumt. Nach einigen Minuten ist da kein Rossmann mehr, keine Schuhboutiquen, nur noch Getränke Hoffmann und ein paar Kilometer weiter noch ein Getränke Hoffmann und dann noch einer, Getränke Hoffmanns bis in die Ewigkeit.

An den Straßenrändern wird Spargel verkauft, erst für 4 Euro das Kilo, dann für die Hälfte. Im Autoradio fangen die Berliner Radiosender an zu britzeln. Schluss mit Indiepop, ab hier nur noch Bon Jovi. Ich fahre eine halbe Stunde, Wiesen, Wald, Häuschen. Ich fahre weiter, Wiesen, Wald, Häuschen. Wenn sich nichts verändert: Das ist das Land.

Irgendwann erreiche ich ein Dorf, das ideal für meine Zwecke scheint: Es gibt nichts, und das, was es gibt, hat vor langer Zeit dichtgemacht. Groß Schönebeck steht auf dem Ortsschild. Gebäude reihen sich aneinander, viele mit Fahnenmast und Deutschlandflagge im Garten, es gibt einen Friseur, eine Apotheke und kein mobiles Internet.

Ein Wegweiser kündigt an: Links geht es zum Arzt, rechts Richtung Bahnhof. Es regnet immer noch. Ich steige aus dem Wagen, stehe deplatziert auf der Straße herum, zwei Teenager kommen auf mich zu, der eine hört laut Musik über seine Kopfhörer. Ich spreche sie an.

»Seid ihr von hier?«

»Nee, aus der Stadt.«

»Berlin?«

»Nee, Finowfurt.«

Wir starren uns kurz an.

Dann entschuldigt sich das Mädchen, sie müsse jetzt zum Kindergarten, Praktikum.

Eine Frage noch!

»Seid ihr glücklich hier auf dem Land? Oder wollt ihr mal nach Berlin ziehen?«

Die beiden sehen mich verständnislos an. Was sie denn da sollen, fragen sie mich, und ich zucke mit den Schultern, na, so studieren oder arbeiten oder herumhängen. Als ich in ihrem

Alter war, habe ich die Tage hauptsächlich damit zugebracht, mich aus meinem Dorf wegzuwünschen.

»Nee, Berlin ist mir zu laut«, sagt der Junge noch, bevor er sich wieder die Kopfhörer aufsetzt. Das Mädchen fügt noch entschuldigend an: »Aber ist sicher auch schön dort!« Dann rennen die beiden los.

Ich laufe weiter, fühle mich fremd hier. Es gibt so viele Texte, die sich penetrant mit der »Generation Y« auseinandersetzen, dabei liegen die eigentlichen Unterschiede doch nicht zwischen Alt und Jung, sondern zwischen Land und Stadt. Mit einem 50-jährigen Londoner habe ich deutlich mehr gemein als mit einem 20-jährigen Finowfurter. Das Exotische ist nicht New York, ist nicht Paris.

An all diesen Orten finde ich mich innerhalb von Sekunden zurecht, der Big Mac schmeckt überall gleich, Klamotten gibt es bei Cos und Zara, und in all diesen Städten muss man bei Starbucks seinen Namen nennen und die Selbstachtung aufgeben. Im Notfall hilft einem das Handy. Um in Metropolen die Orientierung zu verlieren, muss schon der Akku leer sein, und selbst dann ist der nächste Apple Store nicht weit.

Nicht die Bildungspolitik, sondern die Stadt ist der Grund für die Infantilisierung der Gesellschaft, ich tippe nur eine Nummer ins Handy, schon bringt mir jemand Essen, putzt meine Wohnung oder flickt meinen Fahrradreifen. Nirgendwo kann man so bequem verblöden wie in der Stadt.

Wirklich fremd ist das Land. Ein seltsamer Planet, völlig ohne Wechseljuicer, In-Cafés, Pre-Pre-Openings, dafür mit Kuriositäten wie Ladenöffnungszeiten und Mittagsruhe. Und Morgenruhe. Und Abendruhe. Und Nachtruhe. Es ist so verdammt ruhig hier. »Seid mal lauter!«, rufe ich probeweise, und probeweise ruft niemand etwas zurück.

Ich mache mich auf den Weg ins Dorfzentrum, auf dem Weg lächelt mir eine Radfahrerin ein »Hallo« entgegen, ich erschrecke mich, wieso lächelt die so, die hat doch gar kein Highspeed-Internet. Bestimmt eine Irre.

Zwei Straßen weiter entdecke ich einen niedlichen Bioladen. Weil jeder weiß, dass Bioladenbetreiber quasi immer sehr grotesk freundlich sind, spreche ich die Besitzerin an. Seit über 30 Jahren wohnt sie in Groß Schönebeck, drei Töchter hat sie, eine wohnt noch immer hier und pendelt täglich nach Kreuzberg. Ob die Tochter langfristig nach Berlin wolle?

»Warum?« Wieder dieser etwas verständnislose Blick, nein, sie will hier bleiben. In der Stadt ist es so laut. Und sie selbst? Auf gar keinen Fall, nichts vermisse sie hier, und in der Stadt rennen immer alle so, und dann renne man irgendwann selbst mit.

Natürlich hat sie recht, denke ich, als ich den Bioladen verlasse. Auf dem Land gibt es die Sehnsucht nicht, nur ein Ankommen, ein Weiterbauen. Dach ausbessern statt Selbstoptimierung. Auf dem Land gibt es keine verpassten Events, keine Million potentieller Partner, die reizvoller erscheinen als die Kreatur, die man zu Hause auf der Couch herumsitzen hat.

Das Land ist Beschränkung und massenhaft Zeit, und selbst der dämlichste Hobbybuddhist ahnt, dass das näher am Glück sein könnte, als die nächste gammelige Eröffnung eines temporären Showrooms.

Ich laufe weiter zur Touristeninformation, und schon wieder lächelt mich ein Fußgänger so freundlich an, ich schaue grimmig zurück, er soll bloß nicht denken, ich sei ein leichtes Opfer.

Auf der linken Straßenseite steht eine Gaststätte, »Zum weißen Hirsch«, an der Tür steht ein Schild: »Wir bilden aus.« In der Touristeninfo frage ich nach dem Hirsch. »Der hat schon lange dicht«, sagt mir die Mitarbeiterin, es gebe aber noch ein

Steakhaus im Ort, aber da sei heute geschlossene Gesellschaft. Als sei das Dorf nicht selbst schon eine geschlossene Gesellschaft.

»Kommen Sie von hier?«, frage ich.

»Nee, aus der Stadt«, antwortet die Mitarbeiterin.

»Berlin?«

»Nee, Finowfurt.«

»Wollten Sie mal in einer Großstadt wohnen?«

»Nein, da rennen alle so. Und dann muss man irgendwann auch rennen.«

Zumindest die Gespräche ähneln sich hier wie sonst nur auf gammeligen Galerieeröffnungen.

»Vermissen Sie etwas, hier in Schönebeck? Etwas, das es in der Großstadt gibt?«

Sie überlegt eine Weile, räumt ein paar Papiere beiseite, überlegt weiter, dann hellt sich ihre Miene auf: »Ja! Eine Post! Eine Postfiliale wäre echt sinnvoll.«

Ich bin neidisch auf sie, wer so lange überlegt, ob ihm noch etwas zum Glück fehlt, und dem dann lediglich eine Postfiliale einfällt, hat alles richtig gemacht.

Wir unterhalten uns noch etwas über den Ort, das Dorfleben. Groß Schönebeck in Zahlen: ein Restaurant. 1781 Einwohner. Eine Grundschule. 30 Flüchtlinge. Ein Jagdschloss. Keine Postfiliale. Kleiner Bahnhof. Großer Zusammenhalt.

Ich frage sie nach den Flüchtlingen. Eine große Willkommenskultur herrsche hier, erklärt sie mir. Stimmen gegen Flüchtlinge gebe es sicherlich, wie überall, aber keine lauten, das traue man sich dann doch nicht.

Die Fragen, die ich vor meiner Fahrt in mein Handy notiert habe, traue ich mich gar nicht mehr zu stellen, so obsolet scheinen sie hier: Was man eigentlich den ganzen Tag macht auf dem Dorf. Ob man nicht Kulturveranstaltungen, Anonymität und Freiheiten vermisse. Alle Menschen, mit denen ich mich hier unterhalten habe, hätten darauf keine Antworten, weil sie sich die Fragen gar nicht stellen. Die Neurose fühlt sich in der Stadt wohler als auf dem Dorf.

Die Menschen hier scheinen glücklicher, weil sie ihr Glück nicht ständig hinterfragen. Ich frage mich, wie es den Städtern geht, die auf das Land gezogen sind, schon infiziert mit dem Virus, ob sie sich, wie Heroinabhängige, die für einen Rückfall Morphium lagern, noch eine kleine Stadtwohnung nebenher halten.

Ich laufe noch etwas durch den Ortskern, eine Seniorin lächelt mich an. Wahrscheinlich altersdebil.

Auf dem Rückweg halte ich an einem Feld, Wolken türmen sich lächerlich atemberaubend über den Brandenburger Horizont, aber ich kann nicht bleiben, ich muss zurück in die Stadt, endlich wieder stumpf auf Bildschirme starren und Pistazien-Kernöl-Eis essen und Fotos vom Land auf Instagram posten.

Ein Mann schreit herüber: »Keine Fotos«, dann lacht er. Nur ein Scherz. Ein letztes Mal unterhalte ich mich mit einem Groß Schönebecker, ein letztes Mal frage ich, ob man aus dem Dorf stamme, ein letztes Mal entgegnet ein Groß Schönebecker: »Nee, Finowfurt.«

Ich steige wieder in den Wagen, nach ein paar Minuten bemerke ich, wie das Auto seltsame, schleifende Geräusche von sich gibt. Ich halte am Straßenrand. Und nur, um das letzte Landklischee noch zu bestätigen, hält natürlich sofort ein Auto, und natürlich steigt aus diesem Auto ein glatzköpfiger, kräftiger Mann mit einer Heavy-Metal-Band auf dem Shirt, natürlich ist er extrem hilfsbereit, und natürlich findet er nach zwei Sekunden den hängengebliebenen Ast, der das schleifende Geräusch verursacht hat.

Er ist der letzte Groß Schönebecker, der mich anlächelt. Ich lächle zurück.

No hard feelings

Es braucht eine sanfte Revolution in der Liebe. Das fängt gleich beim Namen an: Liebe soll nicht mehr Liebe heißen, sondern »vage Zuversicht«.

Damit entspricht endlich das Vokabular der Tatsache.

Ein Update des Sprachduktus ist ebenfalls vonnöten. »Wölfchen«, könnte Claire sagen, »Wölfchen, ich hege da eine noch nicht vollständig durchdachte, vage Zuversicht, die sich aber durchaus später als Luftipuff entlarven kann. Dann werde ich häufig weinen, aber in meiner jetzigen Verfassung möchte ich dies unter Vorbehalt in Kauf nehmen und dir einen Kuss geben.«

Und was würde Wölfchen dazu sagen? Wölfchen würde natürlich sagen: »Claire.«

Fragen gehören ebenfalls generalüberholt. Sie werden von nun an nicht mehr mit »ja« und »nein« beantwortet, sondern mit »eher ja« und »Tendenz zu nein«. So richtig weiß ja eh niemand was.

Willkommen sind auch körperliche Äußerungen. Sanfte Berührungen an der Schulter, ein fast zufällig wirkendes Zwinkern zum richtigen Zeitpunkt.

All das Falschmachen, all die Hollywood Farce, all die Disney-Romantik wird so aus Beziehungen einfach und effizient herausgekürzt.

Man einigt sich auf eine »eher monogame Beziehung«, auf »eher Thai als Italienisch heute Abend« auf »eher langfristig als kurzfristig«. Dieses All-inclusive-Paket dient als Prophylaxe gegen künftige Enttäuschungen, auch radiert es sämtliche Romantik aus der Liebelei, denn Romantik macht bekanntlich auf lange Sicht dumm und suizidal und aus leichten Mädchen dicke Mütter.

Es wird mehr geseufzt und weniger versprochen, denn im Prinzip unterliegt ja beides einer vorausgegangenen Unzufriedenheit. Aber Versprechen führen dazu, dass man später Ikea-Möbel mit blöden Namen für den Partner zusammenschrauben muss.

Endet die Liebschaft, werden auch die Trennungsgespräche der Realität angepasst:

»Wölfchen, ich bin ganz außer mir. Ich werde jetzt aus der Wohnung stürmen und hoffen, dass du mich spätestens, wenn ich die Türklinke berühre, zurückrufst. Tust du das nicht, werde ich noch sehr entschieden mit zusammengezogenen Augenbrauen im Flur warten, um dann recht aufgebracht zu Hause grünen Tee zuzubereiten, den ich in sehr hektischen Schlucken trinken werde. Willst du das wirklich?«

»Claire –«

»Hernach können wir uns aufgebrachte Kurznachrichten schicken. Aber ich warne dich: Ich habe Emojis. Und ich werde sie nutzen.«

»Aber Claire, doch nicht etwa den wütenden gelben Kopf.«

»Doch, Wölfchen. Vielleicht lasse ich mich sogar einmal zum wütenden roten Kopf hinreißen.«

»Ach Clairchen, das möchte ich nicht. Lass uns lieber einander sanft am Arm berühren.«

So wird die optimierte Beziehung aussehen. Emojis und ihre Urväter, die Emotionen (fragt eure Großeltern), sind ein Relikt der alten Zeit. Ich habe die Zukunft gesehen. Und sie wird sein.

Respektiert die Kleinstfamilien!

Ich habe keine Kinder. Ich bin nicht verheiratet. Meine Ein-Frau-Familie ist also etwas unkonventionell. Das macht nichts. Wir lieben uns trotzdem. Auch wenn es oft schwer ist. Ich vermisse die kleinen Racker häufig.

Oft frage ich mich, wo sich die Kleinen herumtreiben. Jede Mutter fragt sich das. Letztendlich sind wir auch nur eine ganz normale Familie. Ich habe keine Angst davor, dass uns Menschen beschimpfen, nur weil wir anders sind. Denn dann wird die Twittergemeinde mich verteidigen. Man kann nicht einfach Leute im Internet angreifen, vor allem keine gesellschaftlichen Randgruppen wie Ein-Erwachsenen-Familien.

Die einzige Randgruppe, die man haltlos beleidigen kann, ohne dass es einen eigenen Hashtag dazu gibt, sind die Dummen. Da bleibt es still in der Digitaldisco. Da fühlt sich keiner auf den Schlips getreten. Die Dummen leisten eh die klügste Lobbyarbeit der Bundesrepublik. Ganz ohne Online-Petitionen setzen sie ihre Interessen durch. Es ist fast unheimlich, wie geschickt sie dabei vorgehen. »Was ist noch unheimlich?«, fragt sich der interessierte Leser und schaut mich wissbegierig an. Wie rührend! Ich verrate es sogleich:

Platz drei der unheimlichsten Leute sind die, die zu Hause eine Schublade mit Ersatzglühbirnen, Ersatzbatterien und Ersatzlebenspartnern haben. Solche Interdental-Bürstchenbenutzer sind genau der Schlag Mensch, über den Nachbarn später im Fernsehen sagen, dass sie immer so nett und freundlich gewirkt haben, niemand hätte gewusst, was sich hinter der Fassade verbirgt.

Finger weg von Menschen, die Leute in Schubladen sperren und noch nie ratlos im Dunkeln standen! Schlaft lieber mit Menschen, die bei durchgebrannten Birnen hektisch nach Teelichtern suchen, da weiß man, woran man ist, und wenn nicht, kann man im Dunkeln danach tasten, und das macht Spaß.

Platz eins und zwei der unheimlichsten Menschen geht an alle Leute da draußen, die Profilbilder von Fremden auf Facebook teilen. Euch hat es irgendwann ordentlich die Synapsen verkohlt, und ich werde euch NIE, wirklich NIEMALS zur goldenen Hochzeit meiner Eltern einladen.

Zurück zu meiner kleinen Familie. Dieser Text ist eine Aufforderung an die Leitmedien und Rabatt-Entscheider Deutschlands, auch uns zu berücksichtigen. Auch ungezeugte Kinder wollen umsonst in der Bahn mitfahren! Beziehungsweise, natürlich wollen sie das nicht, niemand will freiwillig mit der Bahn fahren, außer vielleicht die mit den Ersatzglühbirnen. »Die Bahn«, murmelt der Ersatzglühbirnenbesitzer, »die mag ich. In der Bahn kann man reservieren. Reservieren ist schön.«

Wie man Eifersucht loswird

Ich lebe sehr zurückgezogen. Einmal hat jemand geklingelt, da habe ich nicht aufgemacht. Das war vor vielen Jahren. Sonst hatte ich meine Ruhe. Das Alleinsein hat lange geklappt, aber dann habe ich mich verliebt, denn ich bin ein Mensch.

Das machte alles schwierig, denn wenn man verliebt ist, muss man den anderen ständig sehen, sonst schreibt man schlechte Gedichte und vergisst vor lauter Kummer, den Tee zu zuckern, und wird noch unglücklicher. Ich habe also ganz schnell die Tür aufgemacht, und den Mann, den ich liebe, bei mir eingesperrt.

Das lief eine Zeitlang sehr gut. Wir gingen zusammen nie aus, wir gingen gemeinsam auf keine Partys, wir verpassten miteinander Konzerte, und auch zum Sport gingen wir nie. »Hierbleiben?«, fragte ich, und er nickte begeistert, und wir umarmten uns und hatten es besser als der Rest der Welt.

Das war schön, aber dann vergaß der Mann, wie schön das war.

Plötzlich wollte er »auch mal was alleine machen«, er wollte »Freiräume« und »auch mal seinen Hobbys nachgehen« und »einen Schritt vor die Tür machen«. Die Anführungsstriche malte er dabei hektisch in die Luft, als würde das helfen, als würde irgendwas helfen.

Dabei kann der Mann gar keine Hobbys haben, denn auf Hobbys wäre ich ja eifersüchtig.

Eifersucht ist eh ein Problem. Am Anfang war ich nur auf

Menschen eifersüchtig. Mittlerweile hasse ich jeden Gegenstand mit einem weiblichen Artikel. Die Tischkante. Die Badezimmertür. Die Angst. Alles Schlampen.

Ich habe also alle Dinge mit weiblichem Begleiter rausgeworfen. Ich will den Mann, den ich liebe, für mich haben, und mehr als ihn brauche ich eh nicht. Wir sitzen auf dem Boden. Es ist sehr kalt, denn DIE Heizung, habe ich rausgeschmissen.

Der Mann sagte: »Du hast ein Problem.«

Bei Problemen rufe ich oft meine Mutter an. Meine Mutter gab mir am Telefon den Ratschlag, man müsse Menschen, die man liebt, auch ziehen lassen. Also habe ich den Kontakt zu ihr abgebrochen.

Einige Zeit schwiegen der Mann und ich uns an, bis mir plötzlich auffiel, dass DIE Stille einen Keil zwischen uns trieb, also schrie ich ihn an, um sie zu verjagen. Der Mann sagte irgendwann, er habe das nicht so gemeint mit den Freiräumen und den Hobbys und dem Vor-die-Tür-Gehen. Seitdem sind wir wieder glücklich, liegen im Bett und schmieden gemeinsam keine Pläne.

Liebe hat auch einen weiblichen Artikel. Ich schmeiße sie später weg. Die brauchen wir nicht. Wir brauchen ja nur uns.

Wie man eine gesunde Beziehung führt

Als Erstes trifft man sich in einer Bar und guckt. Dann schraubt man seine Ansprüche herunter und guckt noch mal. Man konzentriert sich auf das, was man am anderen gut findet. Den letzten Schritt wiederholt man, bis einer von beiden stirbt und der andere fröhlich »Zweiter!« schreit.

So führt man eine gesunde Beziehung, aber das ist ein gutgehütetes Geheimnis, denn sonst wären alle Paartherapeuten arbeitslos. Bei unserer Konjunktur können wir uns das nicht leisten, und Deutschland hat ja ohnehin schon genug zu tun mit anderen Dingen, zum Beispiel die Autoschlüssel zu suchen, »Todesstrafe für Kinderschänder« zu twittern oder Dinge in ein anderes Licht zu rücken. Da bleibt keine Zeit für das Gejammer arbeitsloser Paartherapeuten. Also werden sie beschäftigt, damit Paare wieder Gemeinsamkeiten finden, zum Beispiel, dass beide Paartherapie als wenig hilfreich empfinden.

Einmal, vor vielen Jahren, gab es einen anständigen Paartherapeuten, der nicht mehr mit der Paartherapeutenlüge leben konnte und ein Buch darüber schrieb, es hieß »Die Paartherapeutenlüge«. Aber die Verlage empfanden den Titel als zu sperrig.

»Das ist uns leider zu sperrig«, sagten die Verleger und unterschrieben einen dicken Scheck für die Autorin von »Ich wuchs auf einem Schrottplatz auf, wo ich lernte, mich von Autoteilen und Stoßstangen zu ernähren« oder so ähnlich.

Der anständige Paartherapeut wollte gerade die Stimme erheben und einwerfen, das sei ja nun nicht minder sperrig und überhaupt stünde der Titel ja zur Debatte, aber dann war er doch zu schüchtern.

Er schloss sich traurig mit seinem Manuskript in sein ehemaliges Kinderzimmer ein, versiegelte das Türschloss mit Kaugummi und wartete, bis er starb. Das klappte, aber stolz muss er darauf nicht sein, vor ihm sind nun wirklich schon Millionen anderer Paartherapeuten gestorben, und keiner davon hat sich viel darauf eingebildet, tot zu sein oder gar »toter« als die anderen.

Seitdem haben alle Menschen schwierige Beziehungen. So schlecht ist das nicht, denn was soll man sonst anfangen mit all der Zeit. Man kann ja nicht den ganzen Tag Gemüsesäfte trinken, Schuldgefühle haben oder zu Facebook-Gruppen hinzugefügt werden.

Wobei, SO viel Zeit bleibt nun auch wieder nicht. Nächste Woche soll mal wieder ein Meteorit die Erde zerstören. Das soll er nun zwar zum hundertsten Mal, aber er traut sich nicht. Vielleicht ist er genauso schüchtern wie der anständige Paartherapeut. Wir können ja trotzdem ein bisschen daran glauben, das wäre schön, denn wenn das Ende naht, guckt man sich sehr verliebt und ein wenig traurig an und denkt bei sich: »Beziehungsprobleme sind echt was für Leute, denen nicht gleich ein Stück Universum auf den Kopf kracht.«

Regretting Everything!

Das ist passiert:

Manche Frauen wären lieber doch nicht Mutter. Manche Frauen schreiben, dass Frauen, die doch lieber nicht Mutter wären, schlechte Menschen sind. Manche Frauen schreiben, dass Frauen, die schreiben, dass Frauen, die lieber doch nicht Mütter wären, schlechte Menschen sind, schlechte Menschen sind.

Das wird passieren:

Regretting motherhood ist nur der Anfang von etwas ganz Großem. Bald wird landauf, landab um die Wette bereut. Reue wird die Ära der Ehrlichkeit einleiten. Wir werden sie trotzdem nicht »Ärlichkeit« nennen, denn schlechte Wortspiele bereuen wir gleich als Erstes.

Kanzler werden bereuen! Journalisten werden bereuen! Alle werden bereuen, und alle haben recht, weil Dinge nun mal ständig schieflaufen. »Och, toll, eine Kurve«, ruft das Ding, und schon läuft es schief und krumm und grandios gegen die Wand, weil sich das Ding von einem anderen schiefen Ding hat ablenken lassen. Falsches Auto, falsches Mädchen, falsche Farbe! Steht mir doch nicht, mag ich doch nicht, geht so doch nicht, dann halt nicht!

Es wird einen Wettbewerb geben, und wer am meisten bereut, gewinnt. Der Wettbewerb wird in Limburg stattfinden, und der erste Preis ist der Beichtstuhl von Ebenholz von Tebartz-van Elst. Der ehemalige Bischof mit dem viel zu großen Haus aus Gold, der später zurückgetreten ist, wird Juryvorsitzender und Reue-Ehrenpreisträger.

Am Ende gewinnt dann der Moderator, der bereut, nicht etwas Ordentliches gelernt zu haben, und jetzt alberne Wettbewerbe moderieren muss. Tosender Applaus bei jeder falschen Entscheidung, frenetisches, gemeinschaftliches Weinen, der Vorhang fällt über allen, und wir kuscheln uns darunter.

Im ganzen Land wird man das Gejammer hören, Wehklagen, ein Chor der Einigkeit, ein gemeinsames Bedauern über die Unzuverlässigkeit des Lebens, über die Unplanbarkeit von Glück, eine Zärtlichkeit für Entscheidungen, die falsch waren, und für Möglichkeiten, die neu und ungenutzt herumliegen. Schlechte Noten sind nur bestandenes Zeugnis über erfolgreiches Mensch-Sein. Die Unfehlbaren nennen wir etwas hämisch Siri. Die Häme bereuen wir später.

Es wird Museen geben, in denen Gegenstände ausgestellt sind, deren Erfindung man bereut, die Atombombe etwa oder Croc-Schuhe oder Comic Sans oder komplizierte Kommasetzungsregeln.

Es wird eine Zeit der Courage und des Aufbruchs, die Fehlbarkeit wird endlich en vogue. Es gibt etwas zu feiern, wir müssen Crémant kaufen und Wodka, so viel wie möglich, wir müssen trinken, bis uns der Schädel platzt, dann können wir morgen gleich anfangen mit dem Bereuen. Denn das Schönste an Reue ist der Abend davor.

Für meinen Paketboten reise ich bis ans Ende der Welt, notfalls bis Salzgitter

Ich habe großen Ärger mit dem DHL. Beziehungsweise habe ich keinen Ärger, weil nicht mal der geliefert wird. Meine Kommunikation mit dem DHL läuft im besten Falle über niedliche, gelbe Zettel, auf denen steht, dass ich nicht zu Hause war. Aber eigentlich steht da natürlich: »Ich weiß genau, dass du im zweiten Stock wohnst, lauf doch selber zur Post.« Dann läuft man zur Post, eine Frau mit komischen Haaren fragt, ob man sich ausweisen könne, man sagt ja und bekommt das Päckchen trotzdem nicht.

Seit einigen Jahren gibt es die Paketverfolgung. Ein praktisches Gadget, das es einem ermöglicht festzustellen, dass das geordete Paket sich nicht etwa auf dem Weg zur heimischen Adresse befindet, sondern in Salzgitter gelandet ist. Und weil der DHL partout nicht telefonisch kommunizieren will, schrieb ich einen Brief zurück. Der den DHL wahrscheinlich nie erreichen wird. Findig sind sie ja, die Hunde.

Lieber DHL,

die Paketverfolgung meldete mir, dass mein Paket mit der Sendungsnummer 943920423 derzeit in Salzgitter sei. Das ist ärgerlich, denn ich wohne in Berlin. Ein Umzug nach Salzgitter ist mir leider derzeit aus finanziellen und beruflichen Gründen nicht möglich. Ich kenne da auch niemanden. In der Paketverfolgung steht außerdem, dass das Paket nicht zugestellt werden konnte. Das kann ich

sehr gut nachvollziehen, denn ich war noch nie in Salzgitter und plane derzeit auch keinen Urlaub dahin. Aber vielleicht werde ich mal ein Sabbatical dort verbringen, zumindest scheint in diesem Ort der Paketdienst zu funktionieren. Vielleicht werde ich mich dort auf die Straße stellen und mir eine funktionierende Infrastruktur ansehen. Ich werde ein rotes Kleid tragen und vom Fenster aus den fleißigen Paketboten zuwinken. Ich werde mir Schuhe bestellen. Ich werde mir eine Waschmaschine bestellen. Ich werde mir Glück und schöne Männer bestellen. Und weil ich in Salzgitter wohne, wird alles geliefert werden. Nach meinem Sabbatical werde ich natürlich traurig sein, mich sorgsam in ein Päckchen schnüren, um mich wieder nach Berlin zu schicken. Aber natürlich, natürlich werde ich niemals dort ankommen.
Denn was nach Salzgitter geliefert wird, bleibt in Salzgitter. Schade. Wer will schon in Salzgitter bleiben.
Mit herzlichem Gruß
Eine Kundin

One for the money

Vor einigen Tagen las ich, dass der Chef eines großen Ölkonzerns bei einem Unfall ums Leben gekommen ist. Sein Privatflugzeug ist mit einem Schneepflug zusammengekracht. Das ist genau der Grund, warum ich mein Privatflugzeug und meinen Schneepflug verkauft habe.

Auf abstruse Weise beruhigt es mich, wenn reiche Menschen auch sterben. Das liegt daran, dass mir stets ein vernünftiger Umgang mit Geld ans Herz gelegt wurde. Die drohenden Konsequenzen wurden mit den Lebensjahren immer drastischer. Früher konnte ich mir am Ende der Woche ob meiner Verschwendungssucht oft nur ein Kaktuseis leisten, während meine Freunde ein schwarz-glänzendes Magnum zur Schau trugen. Mittlerweile droht bei akuter Armut Verlust des Wohnsitzes und Schufa-Eintrag.

Als Sechsjährige tappste ich zu meinem ersten Weltspartag. Das ist eine Veranstaltung von Banken, wo es Luftballons und eine erste sanfte Berührung mit der Marktwirtschaft gibt. Meine Bank schenkte mir die Ausgabe des uncoolsten Comichefts der Welt, das KNAX. Eine Indoktrinierungsschrift, in der mir ein Grashüpfer erklärte, warum Sparbücher total trendy sind. Das überzeugte mich. Ich bekam ein Sparbuch. Darauf war eine lustige Biene gemalt, die mir mein Geld wegnehmen wollte. Ich fing an zu heulen und hege seitdem eine große Skepsis bei Finanzierungstipps von Insekten.

Ich habe am Ende des Monats nie Geld, und am Anfang

eigentlich auch nicht. Was erstaunlich ist, weil ich Geld eigentlich sehr gern mag. Ich kann sehr gut mit Geld umgehen, das heißt, ich kann es so ausgeben, dass ich Spaß daran habe. Geld macht glücklich, mich zumindest, weil ich mir davon Tabak, Ziegenkäse und Musikinstrumente kaufe. Trotzdem schlug man mir ob meiner chronischen Engpässe vor, meine Ausgaben zu notieren und Kassenzettel aufzubewahren. Ich war neugierig, wie man damit seine finanzielle Situation verbessern könnte, und bewahrte verblichene Kassenbons in einer alten Schuhschachtel auf. Zum Monatsende hin hatte ich viele Kassenzettel und war trotzdem pleite. Ratlos stierte ich in die Schuhschachtel und fragte mich, was ich eigentlich erwartet hatte. Seitdem lasse ich diese Spielchen. Es ist gar nicht so schlimm, sich Monat für Monat einige Tage von Spaghetti ohne Öl zu ernähren. Das formt den Charakter und macht bescheiden. Das ist wichtig. Wäre der Ölkonzern-Chef bescheiden gewesen und brav Bus gefahren, würde er noch leben. Hübsch, nicht wahr?

Neues Jahr, an die Bar,
kurzes Haar

Der wahrscheinlich angemessenste Weg, ein neues Lebensjahr zu beginnen: aufwachen, keine Erinnerung mehr im und keine Haare mehr auf dem Kopf und links und rechts in meinem Bett zwei verschlafene Männer. Also, gesetzt den Fall, man wird 22. Wenn das Ganze mit 80 passiert, spricht eine solche Situation eher für Demenz, Haarausfall und seltsames Pflegepersonal.

Ich bin ein Jahr älter geworden, ich bin in keiner Beziehung mehr, Aschenbecher neben dem Bett quellen über, und der Morgen beginnt mit Orientierungslosigkeit. Wenn ich schon älter werde, mache ich wenigstens entwicklungstechnisch starke Rückschritte, und darum geht's ja: geistig jung bleiben.

Die Haare, die mir zwei Freunde betrunken abgeschnitten haben, liegen in Locken im Bett und auf dem Boden, ich halte die Strähnen probeweise an mein Haar, aber es passt nicht mehr, alles ist gut so, wie es ist, ein neues Jahr, kurzes Haar, ich freu mich drauf.

Mit einer Flasche Korn in der Hand schleppen mich L und F mittags zu einem Friseur, um das Ganze begradigen zu lassen, Happy Birthday, ich bin wahnsinnig gerührt darüber, dass die Friseurin einem ungewaschenen, zerzausten Bündel ihre Aufmerksamkeit schenkt, gerührt überhaupt, dass alle da waren, auf dem Heimweg gehe ich ganz aufrecht, damit das Glück nicht überschwappt.

100 Tipps, die dich zum Schriftsteller machen

1. Nimm keine Tipps von jemandem an, der nicht von dir profitiert. *(David Hare)*
2. Außer natürlich von David Hare. *(wahrscheinlich David Hare)*
3. Schreibe in einem Raum, in dem du die Tür schließen kannst. *(Stephen King)*
4. Schreib lieber im Café gegenüber. *(der Besitzer des Cafés gegenüber)*
5. Die ersten zehn Jahre sind die schlimmsten. *(Anne Enright)*
6. Die ersten zehn Jahre sind die schönsten. *(Dozent einer Schreibschule, singend)*
7. Nur schlechte Autoren empfinden ihre Arbeit als gelungen. *(Anne Enright)*
8. ICH empfinde deine Arbeit immer als sehr gelungen. *(deine Mutter)*
9. Die Einzige, die dein Buch gut finden wird, ist deine Mutter. *(deine Komplexe)*
10. Schreib spezifisch über Zeug. *(Anne Enright)*
11. Hab Spaß. *(Anne Enright)*
12. Vergiss es. *(die Realität)*
13. Du kannst das alles auch mit Whiskey machen. *(Anne Enright)*
14. Schreib und trink nicht zur gleichen Zeit. *(Richard Ford)*
15. Schreib betrunken, aber überarbeite nüchtern. *(Ernest Hemingway)*

16. Heirate jemanden, der es für eine gute Idee hält, dass du schreibst. *(Richard Ford)*
17. Habe keine Kinder. *(Richard Ford)*
18. Hör nicht auf diesen Richard Ford. *(deine Frau)*
19. Lies keine Kritiken. *(Richard Ford)*
20. Wünsch deinen Kollegen nicht die Pest an den Hals. *(Richard Ford)*
21. Vor allem nicht, wenn sie Richard Ford heißen. *(wahrscheinlich Richard Ford)*
22. Auch nicht deinen Kommilitonen. *(Dozent der Schreibschule)*
23. Morgens keine Streitereien mit deiner Frau! *(Richard Ford)*
24. Abends keine Streitereien mit deiner Frau! *(Richard Ford)*
25. Mittags keine Streitereien mit deiner Frau!!! *(deine Frau)*
26. Interessante Verben sind selten interessant. *(Jonathan Franzen)*
27. Du musst lieben, bevor du unerbittlich sein kannst. *(Jonathan Franzen)*
28. Und zwar deine Frau! *(deine Frau)*
29. Du darfst dich nicht ständig von deiner Frau ablenken lassen. *(dein Agent)*
30. Warte nicht auf Inspiration. Disziplin ist der Schlüssel. *(Esther Freud)*
31. Hör auf diese Esther Freud und reiß dich verdammt noch mal zusammen! *(dein Agent)*
32. Rede mehr über das, was du schreiben willst, als zu schreiben. Am besten in gemütlichen Grüppchen und bei einem billigen Bier. *(Dozent einer Schreibschule)*
33. Schreibe ein Wort nach dem nächsten. Finde das richtige Wort und schreibe es nieder. *(Neil Gaiman)*
34. Schreiben ist leicht: Man muss nur die falschen Wörter weglassen. *(Mark Twain)*
35. Und dafür folgende einbauen: Schlieren und Asbest. *(ein deutscher Lyriker)*

36. Glaube nicht, dass Mark-Twain-Zitate das Schreiben erleichtern werden. *(verbitterter Einwand der Kuratorin dieser Schreibregeln)*

37. Lache über deine eigenen Witze. *(Neil Gaiman)*

38. Sei nur einmal witzig, lösche es aber gleich wieder. *(ein deutscher Lyriker)*

39. Beende, was du angefangen hast. Egal, was es ist, beende es. *(Neil Gaiman)*

40. Außer deine Ehe! *(deine Frau)*

41. Rede mit deinem Partner. *(dein Agent)*

42. Schreibe nur, wenn du etwas zu sagen hast. *(David Hare)*

43. Schreibe nur, wenn du ein Genie bist. *(Johann Wolfgang von Goethe)*

44. Schreibe nur, wenn du eines Morgens als Ungeziefer erwacht bist. *(Franz Kafka)*

45. Schreib einfach, sonst fällst du durch! *(Dozent der Schreibschule)*

46. Im Zweifelsfall über dich selbst. *(Karl Ove Knausgård)*

47. Schreibe, was du schreiben musst, nicht weil etwas gerade in ist oder es sich gut verkaufen könnte. *(PD James)*

48. Schreibe unbedingt etwas, das gerade in ist oder sich gut verkaufen könnte. *(dein Verleger)*

49. Verteidige dich! Finde heraus, was dich motiviert, glücklich und kreativ macht. *(A. L. Kennedy)*

50. Kleiner Tipp: Schreiben ist es sicher nicht. *(die Realität)*

51. Vergiss nicht, dass du Schreiben liebst. Wenn die Liebe schwindet, arbeite daran, sie zurückzuerobern. *(A. L. Kennedy)*

52. Du willst ernsthaft schreiben? Stelle einen Buchhalter an. *(Hilary Mantel)*

53. Ein Agent ist verdammt noch mal nicht dein Buchhalter. *(dein Agent)*

54. Schreibe sehr klein. So musst du nicht ständig eine neue Seite anfangen. *(Michael Morpurgo)*

55. Schreibe sehr groß, ansonsten können deine Augen nachhaltig Schaden nehmen. *(dein Augenarzt)*

56. Höre beim Schreiben nicht auf Tipps deines Augenarztes. Siehe Punkt 1. *(wahrscheinlich David Hare)*

57. Kannst du abends oder tagsüber besser schreiben? Organisiere dein Leben dementsprechend. *(Andrew Motion)*

58. Arbeite hart. *(Andrew Motion)*

59. Arbeite hart. *(dein Verleger)*

60. Arbeite hart. *(dein Lektor)*

61. Arbeite hart. *(dein Agent)*

62. Arbeite halt. *(Dozent der Schreibschule)*

63. Arbeit ist für Versager, lies lieber das Internet durch. *(dein innerer Schweinehund)*

64. Sei froh und hoffnungsvoll, aber erwarte das Schlimmste. *(Joyce Carol Oates)*

65. Arbeite langsam und bedacht. *(Annie Proulx)*

66. Arbeite etwas schneller. *(dein Verleger)*

67. Stelle sicher, dass du sehr langsam bist, und schreib mit der Hand. *(Annie Proulx)*

68. Hör nicht auf diese Annie Proulx. Oder hast du vor diesem Artikel jemals von Annie Proulx gehört? SCHREIB SCHNELLER. *(dein Verleger)*

69. Lies viel. *(Ian Rankin)*

70. Am besten Ian Rankin. *(wahrscheinlich Ian Rankin)*

71. Schreib viel. *(Ian Rankin)*

72. Aber nicht so viel wie Ian Ranking. *(wahrscheinlich Ian Rankin)*

73. Kenne den Markt. *(Ian Rankin)*

74. Glaub diesem Ian Rankin, das ist ein guter Mann! *(dein Verleger)*

75. Hab Glück. *(Ian Rankin)*

76. Schreibe an einem Computer ohne Internetverbindung. *(Zadie Smith)*

77. Schreibe an einem Computer mit Internetverbindung

und Highspeed DSL. *(Kabel Deutschland. Dein innerer Schweinehund nickt begeistert)*

78. Verwechsle nicht Ehrungen mit Leistung. *(Zadie Smith)*
79. Hör auf, in Selbstmitleid zu baden. *(Colm Tóibín)*
80. Hör nicht auf, in Selbstmitleid zu baden. *(deine Komplexe)*
81. Während der Arbeit: kein Sex, kein Alkohol, keine Drogen. *(Colm Tóibín)*
82. Während der Arbeit: viel Sex, viel Alkohol, viele Drogen. *(dein innerer Schweinehund)*
83. Wenn du lesen musst, lies zur Aufmunterung Biographien über Schriftsteller, die verrückt geworden sind. *(Colm Tóibín)*
84. Beginne ein Buch nicht, wenn du unbedingt anfangen willst, sondern warte eine Weile. *(Rose Tremain)*
85. Also eine Woche. Oder einen Monat. Oder ein Leben. Oder zwei. *(dein innerer Schweinehund)*
86. Vermeide Klischees wie »innerer Schweinehund«. *(dein Lektor)*
87. Erscheine zur Arbeit. Disziplin bedeutet Freiheit. Keine Disziplin bedeutet keine Freiheit. *(Jeanette Winterson)*
88. *(äfft nach)*: »Disziplin bedeutet Freiheit.« *(dein innerer Schweinehund)*
89. Liebe, was du tust. *(Jeanette Winterson)*
90. Liebe deine Ehefrau mehr! *(deine Frau)*
91. Lass dich von niemandem beirren, den du nicht respektierst. *(Jeanette Winterson)*
92. Vertraue deiner Kreativität. *(Jeanette Winterson)*
93. Vertraue darauf, dass du es NIEMALS schaffen wirst. *(deine Komplexe)*
94. Autoren sollten stehend an einem Pult schreiben. Dann fallen ihnen die kurzen Sätze schon von allein ein. *(Ernest Hemingway)*
95. Trink nicht so viel wie Hemingway. *(deine Mutter)*
96. Es ist idiotisch, für sieben oder acht Monate an einem

Roman zu schreiben, wenn man in jeder Buchhandlung einen für zwei Dollar kaufen kann. *(Mark Twain)*

97. Ein Pixiebuch vielleicht. *(dein Buchhändler)*

98. Schreiben ist eine eigenartige und einsame Sache. *(Patrick Modiano)*

99. Klingt ja super! *(dein innerer Schweinehund)*

100. Hör auf, Schreibtipps zu lesen, und fang verdammt noch mal an. *(dein Verleger)*

Im Kaufhaus verliert man
die Angst vor dem Altwerden

Die Türen zu Galeria Kaufhof gehen nicht automatisch auf. Sie werden geöffnet, von Hand.

Ein stummgestandener Portier hält meiner Begleitung und mir die Tür auf, dann leuchtet alles, und man steht mitten drin in der Vergangenheit: Galeria Kaufhof. Der Laden, in den man geht, weil der letzte Teller vom Villeroy-&-Boch-Service zerbrochen ist. An dem Service hängt man, damals hat man es sich zur ersten gemeinsamen Wohnung gekauft. 1962 war das. Und der einzige Ort, wo heute noch 1962 ist, sind die Kaufhäuser dieses Landes.

Also schlägt man sich durch die Stadt, man läuft an Caféketten, in denen man seinen Namen nennt und jede Würde verliert, vorbei bis ins Herz der Stadt, und dort steht, so monumental wie immer schon, ein Kaufhaus. Man tritt ein als junger Mensch, dann bleibt man so lange, bis man alt ist.

Man sieht sich um, reibt sich die Augen wegen all des Lichts und Glanz und Glorias und ist sofort beruhigt: Nichts hat sich verändert, seit man vor Jahren panisch eine Salatschleuder erstand, an einem sonnigen Frühlingstag war das, davor war lange Winter, das weiß man noch.

Selten entscheidet man sich, aktiv ins Kaufhaus zu gehen, mehr treibt einen eine unbestimmte Sehnsucht, und es beruhigt, alte Zeiten zu betreten und festzustellen, dass die Sehnsucht sich unter warmer Beleuchtung von illegalen Glühbirnen lediglich als Nostalgie entpuppt.

Kaufhäuser liegen im Sterben, da können auch ihre Eigenmarken, die sich hysterisch ein cooles »Z« in ihre »Kidz«-Kollektion schreiben, nichts ausrichten. Jeder Einkauf dort gleicht einer lebensverlängernden Maßnahme, die das Unvermeidliche nur hinauszögert. Seit Jahrzehnten feiern klassische Kaufhäuser eine sehr gediegene, sehr leise Abrissparty, verhuschte Partygäste, die ihr Geschenk vergessen haben, können es ja vor Ort noch erstehen, es ist für alle gesorgt.

Meine Begleitung und ich treiben durch Stockwerke. Das Kaufhaus erinnert an eine gebrechliche Dame, der man über die Straße helfen möchte. Ungeschickte Verkaufskonzepte überall, so offensichtlich wie hinreißend. Während Läden wie Primark stets nur Rolltreppen in eine Richtung anbieten, um Platz zu sparen und den Käufer zu Umwegen anzustiften, um dabei noch rasch etwas Grabbelkluft zu erstehen, bieten Kaufhäuser etwas so Antiquiertes wie Befremdliches: Kundenservice. Wir stehen vor einer elektrischen Zahnbürste, als ein Mann höflich fragt, ob er uns behilflich sein könne. Wir verneinen, er lächelt und zieht von dannen. An seiner Brust kein Badge, er trägt keine Mitarbeiteruniform. Es stört überhaupt nicht, dass er eigentlich kein Mitarbeiter ist.

»Das war aber kein Angestellter«, sagt mein Begleiter. In seinem Ton liegt keine Spur der Verwunderung, in Kaufhäusern geht Kundenservice nun mal so weit, dass er zur Nächstenliebe wird, man möchte sich gegenseitig helfen, man hat ja Zeit, es ist 1962 und noch lange hin bis heute.

Ganz oben ist dann das Restaurant. Das weiß man, das wusste man schon immer, wahrscheinlich seit der Geburt schon, fest ist dieses Wissen im kulturellen Erbe verankert, bleiern wurde es uns in die DNA gegossen. Dort oben sitzt man dann und gönnt sich etwas, ein Glas Chantré vielleicht, schließlich hat man es geschafft, zumindest heute, zumindest bis ganz nach oben. Mitarbeiterinnen schneiden routiniert Schinken auf, das tun sie schon seit vielen, vielen Jahren, Staub fällt von ihren Fingern auf das Fleisch.

Schweigend sieht man hinab auf die Stadt. Wie in einem Stummfilm sieht man Passanten über belebte Einkaufsstraßen eilen, während hier oben die Zeit stehen bleibt.

In den eigenen Plastiktüten befinden sich ein Reisebademantel und etwas Trüffelcréme aus der Feinkostabteilung, man erinnert sich noch, als man die Artikel gekauft hat, lange hat das Kassieren gedauert, freundlich hat die Kassiererin gelächelt, vor vielen Jahren muss das gewesen sein.

Meine Begleitung sieht mich an, ich bemerke verwundert erste graue Haare. Und weil alles so überholt und antiquiert wirkt und dabei immer noch glänzt, verliert man plötzlich ein Stück weit die Angst vor dem Älterwerden, man denkt, dass es vielleicht doch nicht so grauenhaft ist, und dass man ja später jung sein kann, da unten, da draußen, in der Gegenwart mit ihren Frozen-Yoghurt-Shops und Pop-up-Stores.

Der Unterschied zwischen Mensch und Tier

Was unterscheidet den Menschen vom Tier? Der Mensch macht Urlaub. Denn was will der Mensch? Weg will er. Am liebsten an den Strand. Der Begriff Urlaub geht auf das althochdeutsche »urloup« zurück, was so viel wie Erlaubnis hieß. Und auch heute bedeutet Urlaub in erster Linie, dass man dem Arbeitsplatz fernbleiben darf und keiner einen dafür missbilligend anguckt.

Es ist Juli, die Ferien brechen bundesweit an, ungeduldig warten die Autobahnen darauf, sich endlich wieder dreckig und benutzt vorzukommen. Deutschland klopft sich den staubigen Sommer vom Mantel und ruft seinen Bürgern ungeduldig zu: »Jetzt aber raus hier!« Und die Bürger gehorchen.

Wir packen, wir buchen, wir steigen in Flugzeuge, und über den Wolken ist dann nicht mal die Beinfreiheit grenzenlos. Wir kaufen Unmöglichkeiten wie Reisetoiletten, wir googeln Hotelempfehlungen. Wir setzen uns Strohhüte mit Bierwerbung auf, wir lassen uns impfen und kaufen Sonnencreme mit Lichtschutzfaktor 50.

Alles wird vorbereitet, denn der Urlaub ist schon lang keine Auszeit vom Arbeiten mehr, sondern hat verdammt noch mal die Verpflichtung, die schönste Zeit des Jahres zu werden. Der Urlaub trommelt derweil wegen all des Drucks nervös auf die Tischplatte und möchte doch lieber daheim bleiben. Aber dem Reisewütigen ist das egal. »Mir egal«, sagt er, »schließlich brauche ich neue Sonnenuntergangfotos für den Kühlschrank, sonst weiß ich gar nicht, worüber ich im Winter traurig sein soll.« Er guckt ein bisschen unglücklich, hatte sich alles anders vorgestellt, tun wir ja immer.

Gebucht wird dann das ganze Programm. Braune Beine, salzige Meerluft, Zehen, die sich tief in weißen Sand bohren, ein schwüles Sommergewitter, wehmütige Akkordeonspieler, himmelhohe Kathedralen, leichter Sonnenbrand und eine ganze Menge weiterer Kram mit passgenauem Adjektiv davor.

Bezahlt wird auch für die Heimkehr, für das Kilo, das man wegen des phantastischen Fischbüfetts zugelegt hat, für vom Wandern gestählte Waden, für romantische Momente und Selfies an Niagarafällen, und wer als Paar den Urlaub überlebt hat, kann zuversichtlich das Thema Hausbau angehen. Im All-inclusive-Paket ist schließlich auch die Verklärung enthalten.

Denn eigentlich zeugt die Idee von »Urlaub« nur von einer grenzenlosen Sehnsucht. Urlaub ist die Einsicht, dass zu Hause nicht reicht, nie reicht. Jeder, der Urlaub macht, kann einen nur aufrichtig rühren, und der feste Glaube daran, dass es woanders besser, spannender, inspirierender sein könnte, ist zutiefst menschlich.

»Aber, aber!«, schreit einer, dem immer alle glauben, weil er so ein einnehmendes Lächeln hat, »Urlaub ist wichtig, auch mal was Neues erleben! Stichwort Horizont erweitern! Wusstet ihr übrigens, dass Sonnenbrillen ohne UV-Schutz den Augen sogar schaden können?«

Das wusste man nicht, vieles wusste man nicht, ignorant fühlt man sich mit all den weißen Flecken auf der mentalen und realen Landkarte.

Also plant man die Horizonterweiterung, man könnte mit dem Rucksack durch Südostasien trampen, mit Finnen in die Sauna und mit Zweiflern den Jakobsweg gehen, Reisen ist billig, und alles ist möglich, und was möglich ist, muss erledigt werden. Das Leben ist kurz und das absolute Maximum die Minimalanforderung.

»Die Welt ist ein Buch, und die, die nicht reisen, lesen nur eine Seite«, kreischen einen hysterische Poesiealbensprüche an. Bücher, Prospekte, das kulturelle Erbe zwingen einen, die Welt zu entdecken, und zwar in echt, nicht in Google Maps, man muss die ganze Welt kennenlernen, obwohl man sich zu Hause nicht mal dafür interessiert, wie die Nachbarin mit Vornamen heißt.

Wenn ich an meine letzten Urlaube zurückdenke, haben nur wenige geplante Reisen all diese Erwartungen erfüllt. Diffus lagen Tage vor mir und warteten missmutig darauf, mit allerlei Abenteuer gefüllt zu werden, und das schönste Erlebnis war meistens, dass man die Reiseapotheke doch nicht vergessen hatte. Denn diametral zu dem, was Urlaub eigentlich soll, nämlich uns von der Pflicht entbinden, setzt er mittlerweile unter Druck, und jede schlechte Laune, jeder Streit im Urlaub, jede Traurigkeit bei 30 Grad gilt als Versagen am eigenen Glück.

Wer im Urlaub unglücklich ist, lernt vor allem eins: dass Zufriedenheit nichts ist, was sich automatisch einstellt, wenn nur alles Unangenehme aus den Tagen radiert wird, dass das Verzagen tiefer sitzt, knapp unter der Bauchdecke vielleicht.

Die schönsten Reisen hingegen sind oft die, zu denen man mehr oder minder gezwungen wurde. Urlaube, die sich jeder Erwartungshaltung entsagen. Klassenfahrten ins Brandenburgische, Campingurlaube mit den Eltern, Hochzeiten von schrecklichen Großcousins, Tagesausflüge ans Meer. Aber auch alle anderen Urlaube, Übelkeit in der Türkei und Radtouren durch die Niederlande haben ihre Berechtigung, spätestens als Erinnerungen. Denn selbst der schrecklichste Urlaub taugt noch als ein »Weißt-du-noch-als-uns-in-Spanien-bei-diesem-Gewitter-der-Sprit-ausging?«. Es war oft nicht schön, aber das ist nicht schlimm.

Alles, was perfekt sein muss, kann an diesem Anspruch nur scheitern. Erste Versuche, dem Urlaub den Klassenbester-Eifer zu nehmen, gibt es bereits: tantrisches Töpfern, Bikram-Yoga, Fastenhotels und Klosteraufenthalte. Ich habe noch etwas: zu Hause bleiben. Nichts essen und die Fresse halten kann man schließlich auch daheim.

Das schreckliche Wort »Balkonien« klingt ungefähr so, wie Tennissocken in Flechtsandalen aussehen. Spießig, vorstädtisch, es klingt nach Menschen mit einem Schlüssellochblick auf die Welt und einem Kombi vor dem Haus. Es klingt nach Loriot und nach etwas, das man garantiert nicht haben will. Dabei kann man allen, die tapfer zu Hause unglücklich sind, nur gratulieren. In Zeiten von sozialen Netzwerken und Online-Journalismus gilt das Argument »Wer daheim bleibt, verschließt sich der Welt« eh nicht mehr. Im Gegenteil sind die meisten Urlaube doch erschreckend redundant.

Man lernt die immer gleichen australischen Backpacker kennen, die bestimmt sehr netten Einheimischen, mit denen man sich aber leider aufgrund der Sprachbarriere nicht unterhalten kann, den unfreundlichen Portier, den Schönen an der Hotelbar. Dabei sind diese Menschen am Ende meist nur Momente, die mit dem Retrofilter der Erinnerung verklärt werden und zu Hause ganz ähnlich existieren. Wer Menschen kennenlernen will, muss nicht nach Marokko, meist reicht es schon, auf die Straße zu gehen, in einen anderen Stadtteil. Mitte-Boys, macht Ferien in Schöneberg!

Doch zurück in Deutschland, schwindet das Interesse an den Lebensgeschichten fremder Leute. Die hiesigen Flüchtlingsheime beklagen sich jedenfalls nicht über den Ansturm aufgeschlossener Bürger, die sonst in Kontaktanzeigen schreiben, dass sie fremde Kulturen interessant finden. Und plötzlich nerven die südländischen Akkordeonspieler beim Pizzaessen, man will sich schließlich unterhalten, und dann schämt man sich.

Urlaub sollte wieder schön sein, und dafür muss er von dem Zwang freigesprochen werden, schön sein zu müssen. Reisen ist Sehnsucht, und Sehnsucht hat nicht immer recht, aber immer Berechtigung.

Schlussendlich fährt man nicht in den Urlaub, um etwas anderes zu sehen, sondern um anders zu sein. Es ist der heftige Glaube daran, dass die Umwelt die Persönlichkeit mit färbt, und deshalb spricht man plötzlich in Neuseeland lieber mit Fremden, ist zu den Bedienungen in Istanbul charmanter als zu denen in Neukölln, sieht Dinge in einem anderen Licht.

Nur perfekte oder sehr dumme Menschen kennen nicht die heftige Sehnsucht danach, gelegentlich jemand anderes sein zu wollen, und die Fremde erlaubt einem das Austesten neuer Rollen.

Das Klischee besagt, dass Reisen bildet und weltoffener, klüger, erholter macht. Und das Bittere an Klischees ist, dass sie immer, immer, immer, immer einen wahren Kern haben. Nicht Urlaub ist verkehrt, sondern die erhöhte Anspruchshaltung daran. Vielmehr sollte man sich denken: »Meine Güte, schon wieder drei Jahre ohne Urlaub, erledige ich das jetzt mal. Grauenhaft.«

Und dann kann der Urlaub kommen, und er darf grauenhaft werden, er darf zwei Wochen Liebeskummer im Hotelzimmer sein, er darf sandige Langeweile in pulsierenden Metropolen sein und Euphorie in »einem dieser furchtbaren« All-inclusive-Clubs. Er darf das erste Mal Heuschrecken-Essen sein, er darf der Kölner Dom sein, er darf höchstens okay sein, und er muss nicht die geilste Zeit des Lebens werden. Am Ende ist Urlaub, wenn man sich wieder auf sein eigenes Bett freut. Nicht mal erholend muss es sein. Die Entspannung kann man sich ja versprechen, indem man im nächsten Jahr einfach zu Hause bleibt.

Ich war da,
wo es schön ist

»Ich fahr zur Bundesgartenschau«, verkündete ich.

»Warum?«, fragte mein Gegenüber.

Wegen dieses »Warums« machte ich mich auf den Weg nach Brandenburg an der Havel, einem der fünf Austragungsorte der diesjährig erstmals dezentral ausgerichteten BuGa. Warum gibt es diese millionenschwere, aus Steuermitteln kofinanzierte Leistungsschau der Gartenindustrie? Welches Publikum fährt mit dem Zug durch Deutschland und zahlt 20 Euro Eintritt, um ratlos vor Narzissen und Kakteen zu stehen?

In meinem Umfeld löst das Wort »Bundesgartenschau« keinerlei Emotionen aus. Man hat davon gehört, einige wurden als Kind mal zu einer geschleppt, müde teilt man schwammige Erinnerungen, ansonsten völliges Desinteresse. Für die Feuilletons spielt die Bundesgartenschau ungefähr in der Liga von Kindermusicals und Blockflötenvorspielabenden. Trotzdem muss es ein mir unbekanntes Millionenpublikum geben, das alle zwei Jahre euphorisch gen Bundesgartenschau strömt. Es scheint, als gebe es die BuGa aus dem gleichen Grund, aus dem man in Bayern die CSU wählt: War halt immer schon da, hat nie gestört, machen wir weiter so.

Meine Begleitung und ich fahren mit dem Zug in Richtung Westen. Kurz nachdem wir Berlins Stadtgrenzen verlassen, empfängt uns Brandenburg mit einer öden Umarmung. Weite Felder, immer wieder nicke ich ein. Meine Begleitung weckt mich ab und zu, um mich auf Besonderes entlang der Wegstrecke aufmerksam zu machen, meist leerstehende Häuser, leerstehende Wassertürme oder leerstehende Fabrikhallen.

Schon in der Regionalbahn knistert uns die Vorfreude auf die Blümchen aus den Lautsprechern entgegen, bald erreiche man Brandenburg, erklärt uns eine sehr weiche Stimme, von dort aus käme man mit der Straßenbahn bequem zur BuGa. Um uns herum nicken alte Herrschaften wissend. Ihre Vermutung hat sich bestätigt: Hier muss man also aussteigen. Das haben sie ja von Anfang an geahnt. Einige lesen die »B. Z.«. An diesem Tag titelt die Zeitung: »Die Wut der Alten: In was für einer Stadt leben wir, dass uns unsere Ältesten aus Angst vor der Zukunft auf die Straße gehen?« Mein Begleiter argwöhnt, die BuGa sei eine Art Beschwichtigungsprogramm vonseiten der Regierung. Hier im Zug sehen die meisten Rentner wenig wütend und sehr entspannt aus.

Im Gegensatz zu der Ödnis, durch die sich das Bähnchen zuvor gekämpft hatte, ist Brandenburg an der Havel ein hinreißend pittoreskes Städtchen mit einem absurd sauberen Bahnhof. Damit das auch so bleibt, nölt man uns im Zehnminutentakt an, dass das Rauchen auf diesem Bahnhof nicht gestattet sei.

Still und idyllisch wie eine Ansichtskarte liegt der Ort nun vor uns, meine Begleitung und ich entscheiden uns gegen die bequeme Straßenbahn und laufen in Richtung Zentrum. Auf dem Weg passieren wir zwei Schüler. Das Mädchen kaut entschlossen Kaugummi:

»Ich hasse Brandenburg. Nach dem Fachabi bin ich hier weg.«

Ihr Freund nickt wissend: »Und wohin?«

Sie guckt entschlossen in den Himmel: »Irgendwo, wo was los ist. Vielleicht Sachsen-Anhalt.« Dann sagen beide nichts mehr.

Wir eilen weiter Richtung Fluss, machen Rast in einem kleinen Restaurant am Ufer. Es gibt eine Extrakarte mit »BuGa-

Drinks«. Fast hat man den Eindruck, die Bundesgartenschau sei eine hübsch dekorierte Subventionsspritze für die Stadt.

»Wo genau ist denn hier der Eingang?«, fragt meine Begleitung die Kellnerin nach dem Essen. »Ich habe keine Information«, sagt sie müde und guckt auf das glitzernde Wasser. Es ist noch lang bis zum Herbst. Ein Kanu zieht an uns vorbei. Darin zwei Mädchen, sie schreien sich an. Die eine schreit »links«, die andere »rechts«. Man könnte meinen, diese beiden Worte seien einfach zu merken, aber nein, sie brüllen sich noch an, bis wir sie aus den Augen verlieren. Wir zahlen.

Man weiß, dass man sich dem Epizentrum der BuGa nähert, wenn die Schöpfe um einen herum weißer werden. Es ist Dienstag, außer uns befinden sich ausnahmslos Rentner hier. Vielleicht sind sie aber auch als Jungspunde von Berlin aufgebrochen, die Blumen zu sehen, und auf der sehr komplizierten Reise mit Bahn, Tram und Boot um viele Jahre gealtert.

Vor dem Eingang steht eine Frau in Uniform und sagt freundlich: »Das hier ist kein Eingang.« Neben ihr sitzen zwei weitere Mitarbeiter, die offensichtlich dafür bezahlt werden, bekräftigend zu nicken. Deutschland muss es gutgehen.

Die Sonne scheint. Wir drehen uns um und laufen willenlos den Heerscharen alter Menschen hinterher. Im Gegensatz zu uns sind sie informiert, enttarnen den falschen Eingang sofort als Ausgang und führen uns zielsicher zur richtigen Pforte. Dort erklärt man uns, dass man am Eingang aber keine Tickets kaufen könne, Eingang, da ginge man rein, da kaufe man keine Tickets, das ginge nur in der Tickethalle. »Sagt ja der Name schon«, sagt ein Rentner hinter uns. Mein Begleiter nickt schuldbewusst.

Ein, zwei Jahre später haben wir es geschafft und betreten die heiligen Böden der Bundesgartenschau. Die BuGa hat nämlich wunderbare Böden. Das kann man gar nicht anders sagen, außer man ist ein Sprachfuchs und nennt als Lieblingsinternetseite Synonyme.de.

Der Spielplatzboden etwa fühlt sich an wie weicher Tartan, wie eine Rennstrecke also, die sich ganz gemütlich hinfläzt und nackte Kinderfüße wärmt, anstatt aufdringlich auf die nächsten Bundesjugendspiele zu warten. Es gibt sehr schöne gelbe Böden und feine Kieswege. Wäre dies eine Bodengartenschau, meine Begleitung und ich würden frivol in die Hände klatschen und uns einander sanft am Arm berühren. Stattdessen besehen wir schuldbewusst Blumen.

Um die geht es hier ja schließlich. Die meisten von ihnen wachsen am Boden. Es gibt rote, blaue, gelbe und violette Blumen. Auch an Zwischennuancen hat man nicht gespart. Meine Begleitung und ich verfügen über keine besondere Floristikexpertise und besehen uns naiv all das Gepflanz. Die Parkanlage schmiegt sich an die Havel, es ist relativ leer und sehr ruhig hier. Zwischendurch hingewürfelte Pavillons, Beete und BuGa-Mitarbeiter, die allesamt wie freundliche Androiden agieren.

Wir beschließen eine Bootstour. Auf der Havel rotieren Boote zwischen den zwei Ausstellungsorten und dem Parkplatz der Stadt. Eine Station kostet einen Euro. Wir scheuen keine Kosten, wollen eine Rundfahrt. Drei Euro pro Person. Der Kapitän erklärt uns resigniert die Sehenswürdigkeiten: »Wenn Sie jetzt backbord schauen, sehen Sie viele Autos mit Berliner Kennzeichen.« Wir gucken nach links, da sind tatsächlich Autos, alles ist sehr verlässlich, der Fahrtwind pustet uns ins Gesicht, wir dürfen sogar an Bord rauchen.

Das Boot passiert den zweiten Ausstellungsstandort in Brandenburg, direkt am anderen Ufer der Havel. »Logistikmäßig haben die das super hinbekommen, da kann man nicht meckern«, sagt eine alte Dame. Und wir meckern nicht.

Das Flüsschen ist bezaubernd, die Stadt ist bezaubernd, der Kapitän ist bezaubernd, und zwischen all dem stehen ein paar wohlgehegte Pflänzchen, mehr eine Art Deko für den hinreißenden Frühlingstag als die Attraktion selbst.

Falls es die Bundesgartenschau nur gibt, damit Städter sich mal wieder ins Brandenburgische begeben, hat sie ihr Soll schon erfüllt. Man kann bleichen Internetaktivisten und sämtlichen Besuchern der Re:publica einen Besuch bei den Blumen nur empfehlen. Die Sonne wärmt das Gesicht, die Friedlichkeit der Besucher wirkt ansteckend, und Blumenmeere wiegen sich sanft, versprechen Ewigkeit.

Telefongespräch mit einem Taxiunternehmen

»Taxifunk, guten Abend.«

»Guten Abend, Ich bräuchte ein Taxi von der Schönhauser Allee 140 ab.«

»Richtig, Ihr Name?«

»Rönne.«

Schweigen.

»Wie das Rönne bei Kopenhagen?«

»Ja, ja.«

»Da war ich oft. Mit meiner Freundin, über die Landstraße nach Kopenhagen. In den Siebzigern. Die gibt's aber nicht mehr.«

»Die Straße oder die Freundin oder die Siebziger?«

Schweigen. »Alles.«

»Oh!«

»Da ist jetzt eine Autobahn. Und die Freundin ist jetzt verheiratet.« *Schweigen.* »Aber nicht mit mir.«

»Oh!«

»Ich würde gerne mal wieder durch Rönne fahren. Aber das ist jetzt vorbei. Das waren die Siebziger. Wie gesagt. Die sind vorbei.« *Schweigen.* »Richtig. Ich bin schon lang nicht mehr verreist. Rönne ...« *Schweigen.*

»Hallo?«

»Taxi kommt in drei Minuten, ich muss jetzt auflegen.«

Wer aufgibt,
darf ausschlafen

(Dies hier war eine Rede, die sich an junge Menschen gerichtet hat. Es dürfen sich aber auch nicht so junge Menschen davon angesprochen fühlen, denn Aufgeben ist etwas für jedermann.)

Es ist Samstag früh. Es ist sogar samstags viel zu früh. Wir befinden uns inmitten einer der größten Partystädte der Welt, das Bier ist günstig, das Wetter schön, und trotzdem sitzt hier ein Haufen junger Menschen.

Ihr könntet jetzt gerade einem One-Night-Stand versichern, dass ihr »echt nie frühstückt«. Stattdessen sitzt ihr hier, um etwas zu lernen. Ich finde, wir sind damit schon beim Problem angekommen.

Wir könnten in diesem Moment zu Hause sein, unsere Neurosen gießen und fluchend die Fernbedienung suchen. Wir könnten einer Freundin ein niedliches Affen-Emoji schicken. Wir könnten stundenlang Amazon-Kundenbewertungen über Sandwichtoaster lesen.

All diese Dinge machen mehr Spaß, als samstags früh aufzustehen. Schuld daran, dass wir immer noch nicht die Hoffnung verloren haben, trägt die Gesellschaft.

Von Kindesbeinen an werden wir ermutigt. Und wenn's nur ein Quäntchen Liebe war: Ein bisschen Ermutigung haben wir alle irgendwann erfahren, und keiner von euch muss sich dafür schämen.

Denn von früh auf wurde uns eingetrichtert: aufstehen, Krone richten, weitermachen. Uns wurde gepredigt, dass alles möglich sei. Halt alles, bis auf Aufgeben. Warum?

Wieso muss man, wenn man fällt, gleich wieder aufstehen? Was spricht gegen ein bisschen Liegenbleiben?

Ich habe bei YouTube eingegeben: »Why we should all give up«. Das hier waren die ersten vier Videos, die mir vorgeschlagen wurden:

»Why you should never give up«

»10 reasons to never give up«

»Why we should never give up for love« und dann noch

»Why I stopped watching porn«

Wir sind inmitten einer »Mach-bloß-weiter«–Verschwörung! Eine Nicht-aufgeben-Lobby macht uns das Leben schwer.

Aufgeben scheint uncooler als Bubble Tea und Farmville-Einladungen zusammen. Dabei sind Menschen, die nicht aufgeben, doch nicht automatisch gute, im Gegenteil!

Wäre Hitler ein gemütlicher Schluffi gewesen, müssten wir heute nicht ständig amerikanischen Austauschschülern versichern, dass er ganz sicher nicht mit uns verwandt ist.

Wären Terroristen etwas weniger ehrgeizig, würden wir nicht ständig von »Spiegel«-Eilnachrichten enttäuscht, bei denen man jedes Mal denkt, es sei eine spannende SMS.

Die Erde wäre ein liebenswerterer Brocken Universum, wenn die richtigen Leute nur frühzeitig aufgegeben hätten. Aber nein, wahrscheinlich hat sich schon Hitler »Ten reasons why you should never EVER EVER give up« reingezogen.

Aber auch privat gehört an allen Enden und Ecken aufgegeben. Wer Eifersucht aufgibt, muss nicht mehr Facebookfotos von Exfreundinnen stalken. Wer abstruse Karriereziele aufgibt, muss sich nicht ständig mit Unwörtern wie »viral denken« und Powerpoint-Präsentationen auseinandersetzen. Stattdessen kann er friedlich seine Beine in einem See bau-

meln lassen. Wer aufgibt, spart Bafög. Wer aufgibt, darf ausschlafen.

Aber weil Aufgeben einen schlechten Ruf hat, denkt man
bei dabei an mittelprächtige Burschen mit fahler Haut, Alkoholproblem und Sky-Abo. Man denkt an Verwahrlosung und
Faulheit. Dabei ist die 40-Stunden-Woche etwas, was man als
Allererstes aufgeben sollte. Nichts daran ist erstrebenswert, es
senkt die Lebenserwartung und klaut einem schöne Zeit.

Weil wir hier junge Menschen sind und es sich für junge Menschen gehört, die »Gesellschaft« zu kritisieren, möchte ich das
nun tun: Wir leben in einem System, dass Aufgeben verurteilt.
Denn natürlich: Keiner hätte was davon. Keiner, außer halt
alle.

Ich weiß, aufgeben ist schwer. Ich weiß das, ich hab x-mal
versucht, diese Rede einfach aufzugeben, und trotzdem stehe
ich jetzt hier. Obwohl das gar nicht schön ist. Schwer ist vor
allem die Zeit vor dem Aufgeben. Ungefällte Entscheidungen
stehen im Weg rum, vage Hoffnungen vernebeln die Sicht, nie
ist das Potential völlig ausgeschöpft, und ein quäkendes Pflicht-
bewusstsein hüpft im Hinterkopf auf und ab. Dabei hat jeder
hier im Raum etwas, was er jetzt sofort aufgeben könnte, um
in diesem Moment ein glücklicherer Mensch zu werden. Aber
auch als Gesellschaft könnten wir aufgeben: Grenzdebile
Scheindiskussionen um Burkas, Ignoranz, Chai Latte, Leis-
tungsdenken und diese scheiß Sanifair-Toiletten an Autobahn-
raststätten wären ein Anfang. Denn Aufgeben funktioniert am
besten, wenn es alle tun. Gemeinsam können wir die Erwartungshaltung zerschmettern, anstatt sie wie fleißige Krabbel-
tiere zu erfüllen.

Noch dürfen wir nicht komplett aufgeben, weil die Welt uns
in einem unordentlichen Zustand übergeben wurde. Aber wir
sollten alle unsere Energie darauf verwenden, sie in Zukunft
verschwenden zu dürfen.

Ewig lang habe ich nach einem knalligen, emotionalen Schlusssatz gesucht. Ich gebe die Suche an dieser Stelle auf. Vielen Dank.

Meine beste Freundin
heißt Käse

Meine beste Freundin heißt »Käse«. Das ist der Name unserer Chatgruppe. Unsere Freundschaft ist ein bisschen wie Gott, nämlich dreigeteilt: Luisa, Julia, Ronja. Was uns eint, sind eine Vorliebe für Feta und Brie, eine gemeinsame Schulzeit, ein Mann, mit dem wir alle geschlafen haben.

Das klingt unromantisch, aber das ist ja das Gute an der Freundschaft, im Gegensatz zur Liebe zehrt sie nicht von der Romantik. Macht sie meist auch langlebiger.

Luisa habe ich mit drei kennengelernt. Meine Familie war gerade nach Bayern gezogen. Erster Tag im neuen Kindergarten. Ich heulte, weil ich dachte, dass ich wegen des hässlichen gelb-lila Pullis, in den meine Mutter mich gestopft hatte, weil er »so schön fröhlich« aussehe, niemals Freunde finden würde. Dort traf ich Luisa, genauso blond wie ich, aber in einem schönen, einfarbigen Pulli mit Einhorn vorne drauf.

»Bist du neu?«

»Ja.«

»Dein Pulli sieht beknackt aus. Willst du was malen?«

Freunde, das sind Leute, denen man Ehrlichkeit verzeiht.

Mit Julia bin ich seit der siebten Klasse befreundet, als wir gemeinsam den Französischlehrer fertigmachten. Bei den Prüfungen ließen wir die Bücher offen auf dem Tisch stehen, und einmal stapelten wir im Unterricht sämtliche Arbeitsblätter zu einem schönen, hohen Haufen und zündeten ihn an.

»Hast du gesehen, wie geil das gebrannt hat?«

»Hat so geil gebrannt.«

Freunde, das sind Leute, mit denen man Sachen erlebt, auf die man später nicht stolz ist.

Die Abiturzeit verschwendeten wir zu dritt, wie es sich für junge Menschen gehört. Unwichtig waren die Noten, wichtig waren Trips in klapprigen Autos zum nächsten McDonald's.

Physik spielte keine Rolle, aber Anziehungskräfte eine große, es wurde viel geküsst, viel getrunken, viel eingeschmissen, in Fords gekotzt, in fremden Armen aufgewacht. Alles war groß, weil alles Neue immer groß ist, und vom Neuen hat das Leben während der Abiturzeit noch eine Menge zu bieten.

Am Tag teilten wir die Croissants vom Pausenverkauf und die Verachtung gegenüber den meisten Mitschülern.

»Ich pack die Leute hier nicht.«

»Nur noch ein Jahr.«

Freunde, das sind Menschen mit gemeinsamen Feinden.

Abends leuchtete verlässlich mein Handy auf, »See?« schrieb Luisa dann, und eine Dreiviertelstunde später hörte man penetrantes Hupen vor dem Haus. »See« bedeutete niemals schwimmen, segeln, Sonnencreme, sondern zu dritt im Wagen auf das Wasser starren. Dabei rauchten wir Luisas Ford voll, der Chiemsee lag schwarz vor uns. Wir blieben im Wagen, hörten die immer gleichen Lieder. Laura Marling. The National. Fleet Foxes. Nie wieder waren Lieder so ergiebig wie damals, sie reichten für Jahre. Wir sprachen nicht mal besonders viel.

»Drehst du mir eine, Ronja?«

»Ich drehe dir die schönste Zigarette der Welt.«

Denn das teilten wir am Abend: Drehtabak und eine vage Sehnsucht nach Zeiten, die uns noch enttäuschen sollten.

Seit dem Abitur habe ich mit keiner der beiden je wieder am gleichen Ort gewohnt. Wir wurden auseinandergewürfelt. Aus dem Dreierpasch wurde eine große Straße, auf der alle schnell in verschiedene Richtungen verschwanden. München. Berlin. Amsterdam. Grafikdesign. Psychiatrie. Architektur. Praktikum.

Ausbildung. Zusammenbruch. Die erste große Liebe. Das dritte geschmissene Studium. Die zweite große Liebe. Aber in »Käse« teilen wir noch immer: Fotos, Videos, lustigen Kram aus dem Internet. Durch die Chatgruppe ist der Kontakt nie abgebrochen, die Unmittelbarkeit noch genauso, die Wortwahl die gleiche. Ich weiß immer, wo die beiden gerade sind. Ich weiß, wie malträtiert Julias Füße aussahen, als sie den Jakobsweg lief, ich weiß, wie orange die Augen von Luisas Katze leuchten, und eine Menge anderer Dinge, die auf gar keinen Fall hier veröffentlicht gehören.

Freunde, das sind Leute, die Fotos von einem auf dem Handy haben, für die man schnell seinen Job verlieren würde.

Wir sehen uns selten. An Weihnachten, wenn es alle wieder nach Hause treibt. Vielleicht zweimal im Jahr besuchen wir uns. Wenn wir uns sehen, sind wir wieder 17. Wir hören die gleiche Musik wie damals, und nur mit ihnen schmeckt mir Drehtabak immer noch besser als die fertigen Zigaretten, die ich sonst rauche.

Freunde, das sind Leute mit zotteligen Haaren, die länger bleiben, als sie ankündigen, den Kühlschrank leer fressen, das Shampoo aufbrauchen, und wenn sie fahren, ist man traurig.

Wie viele Freundschaften lebt auch unser Dreier-Clübchen von der Nostalgie. Wer weiß, ob die Nächte wirklich so geleuchtet haben. Ob die Lieder wirklich so gut waren. Ob wir kaum Worte brauchten oder einfach nichts zu sagen hatten.

Aber die Erinnerung ist gnädiger als die Gegenwart, besser im Beleuchten. Vieles verdrängt man, wenn man über Freundschaften schreibt, vor allem über solche, die schon so lange halten. Doch irgendwas muss es sein, das uns auf allen elektronischen Kanälen einander kleinste Erschütterungen unserer Leben mitteilen lässt, sei es ein neues Tattoo oder ein neuer Freund. Oft hört man den Vorwurf, das Internet könne Freundschaften nicht aufrechterhalten.

Freunde, das sind Leute, die das Gegenteil beweisen.

Was ist Familie?

Gestern war ich mit Freunden aus. Nicht mit solchen, die sich gut auf Instagram-Fotos machen oder mit denen man befreundet ist, weil sonst keiner in der dritten Klasse mit einem gespielt hat. Sondern kluge, gewitzte, loyale Leute, die in solch euphorischen Adjektiven nicht verkleidet wirken. Diese Freunde sind sorgsam ausgewählte Menschen mit ähnlichen Interessen: aktuelle Bucherscheinungen, Belächlung von Lügenpresse-Skandierern, ordentlich sitzende Hosen, Wodka auf Eis, solche Sachen eben.

An diesem Abend mochte ich Wodka sogar besonders gern, und dachte plötzlich an diesen Text, dessen Deadline seit drei Tagen irgendwo im Präteritum lag. Ich lehnte an der Theke, wankte etwas, und irgendetwas dachte in meinem ermatteten Kleinhirn: Eigentlich sind Freunde heutzutage die Familie. Ich borgte mir von der unfassbar schönen Bedienung ein Zettelchen, schrieb diesen wahnsinnig unoriginellen, doofen Satz darauf und dachte, der Text sei damit »quasi geschrieben«. Eine Runde noch für alle. Cheers. Wahrscheinlich dachte nicht mehr ich, sondern der Wodka, und als großer Essayist ist dieser nun wirklich nicht bekannt.

Das Aufwachen war nicht schön, denn zu meinem Erstaunen war der Text kein bisschen »quasi geschrieben«, und alles, was ich hatte, war dieser gammelige, pubertäre Satz, der sich eigentlich in einem Online-Magazin für junge, hippe Sneaker-Sammler wohler hätte fühlen müssen als in meinem schön aufgeräumten Kulturautorinnen-Kleinhirn. »Freunde sind Familie.« Was für ein Schwachsinn.

Denn natürlich heißt Familie nicht »Leute mit wuscheligen Haaren und gutsitzenden Hosen, die ich aufgrund ähnlicher politischer Einstellungen und Humorverständnis ganz fabelhaft finde«. Familiengeschichten sind deshalb interessant und Stoff für Romane und Filme, weil Familie im seltensten Fall aus Leuten besteht, mit denen man so auch befreundet wäre. Familie, das ist ein unordentlicher Knoten, ein Haufen komischer Leute mit irritierenden Interessen und seltsamen Frisuren, die ständig mit vollem Mund reden und alle die gleiche Stupsnase haben. Mit Familie unterhält man sich nicht über Popliteratur, man keift sich an, wer den Weihnachtsbaum schmücken muss.

In den allermeisten Fällen fragt man sich ungefähr ab dem achten Lebensjahr, ob man nicht den Einhorn-Schulranzen mit ein paar belegten Broten und der Kuscheldecke füllen sollte, um dann weit, weit fort zu laufen von diesen furchtbaren Menschen, die behaupten, einen zu lieben, und einem dann Rote Beete zum Abendessen vorsetzen. Später wird das nicht besser. Eltern, das sind im besten Falle Leute, die einem schöne Dinge (Koma-Saufen) verbieten und zu schrecklichen Dingen (Lebertran-Saufen) zwingen wollen. Eltern haben keinen Geschmack. Eltern hören schlechte Musik. Eltern sind scheiße angezogen. Eltern geben zu wenig Taschengeld. Eltern verstehen gar nichts. Eltern wissen nicht, was Instagram ist. Opfer. So meist die wenig rühmlichen Jahre zwischen 13 und 16.

Dass diese furchtbaren Menschen, in deren Arme man ungefragt und brüllend hineingeschleudert wurde, niemals ganz aus unserem Leben treten werden, ist lange Zeit äußerst furchteinflößend. Irgendwann zieht man weg, und plötzlich werden die Umarmungen länger, je größer die Distanz war, und obwohl die Eltern immer noch kein Instagram haben, besucht man sie dreimal im Jahr. Das Obwohl, das ist der seltsam-fluoreszierende Stoff, aus dem Familien gewoben sind. Familie, das ist ein einziges, großes »Trotzdem«.

Das stimmt im Großen: Mütter lieben ihre Söhne noch, wenn diese es für eine gute Idee hielten, mit einem geklauten Gabelstapler einen Geldautomaten aufzubrechen. Frauen suchen sich Partner, die dem Vater ähneln, obwohl von dem höchstens einmal im Jahr eine Karte zum Geburtstag reingeflattert kam, und selbst die kam immer drei Tage zu spät. Brüder begehen Morde für die Ehre der Schwester.

Aber es stimmt auch im Kleinen: Man liebt seine Schwester noch immer, auch wenn sie beschlossen hat, ihr Kreuzchen bei der AfD zu setzen.

Familie, das sind die Menschen, die man zähneknirschend liebt. Leute, bei denen man eigentlich nicht weiß, wieso sie einem so nahegehen, aber bei denen man ahnt, dass man diese Liebe nicht mit ein paar Taschentüchern und Bridget-Jones-Filmen loswerden kann.

Das muss nicht nur für die starre Vater-Mutter-Kind-Familienschablone der CSU gelten, aber die meisten Leute gibt man dann doch früher oder später auf, wenn sie beschlossen haben, sich im Kreisverband der AfD zu engagieren oder anderen Jungs das Gehirn wegzuballern, um die Ehre der Schwester vor einem wattigen Mann in den Wolken zu verteidigen. Und obwohl einen heute niemand mehr dazu nötigt, seiner Familie emotional verbunden zu bleiben, kappen selbst dann die wenigsten die Verbindung, wenn einen eigentlich nichts mehr verbindet.

Jedes große Thema der Menschheit ist ein Familienthema. Familien, das sind Millionen kleine, sorgsam geputzte Lupon. Man sieht darunter Eifersucht. Liebe. Neid. Gier. Ehre. Zusammenhalt. Rache.

Jede Konfrontation, der ich im Erwachsenenleben gegenüberstehe, kenne ich schon aus dem Familienleben. Man muss nicht Geschichte studieren oder dicke Bücher lesen, um nachzuvollziehen, wie Kriege entstehen. Es reicht, den Gameboy des kleinen Bruders im Gartenteich zu versenken oder die Unterhaltszahlungen einzustellen.

Familie ist alles Große, vakuumverpackt und platzsparend unter einem Dach, und deswegen immer und immer wieder Stoff für Romane, Theaterstücke, Filme. Romeo & Julia. Game of Thrones. Die Buddenbrooks. Brüderchen und Schwesterchen. Man spart sich als Autor eine Menge Personal und Arbeit, weil man die großen Themen anhand einer Familie abhandeln kann.

Glücklich diejenigen, deren Familiengeschichte keinen großen literarischen Stoff bietet. Das banale Aufwachsen. Endlose Ich-packe-in-meinen-Koffer-Autofahrten. Vokabeln abfragen. Den Bruder in den Keller sperren. Beim Monopoly das Brett vom Tisch fegen. Das Liegenbleiben im Karavanken-Tunnel. Sich bis aufs Blut darum streiten, wer heute den Tisch decken muss. Das gekenterte Kanu, das in den Geschichten, die Jahre später erzählt werden, völlig überladen sein wird, das kalte Wasser wird dann Lebensgefahr heißen. Anekdoten, die mit jedem Jahr grotesker werden.

Die Frage, was für mich Familie ist, ist leicht zu beantworten, weil ich in einer glücklichen Familie aufgewachsen bin, und es ist eine Frage, die jeder nur für sich selbst beantworten kann. Dem »von« in meinem Namen eilt oft das Vorurteil voraus, ich sei privilegiert. Finanziell hat das nie gestimmt. Aber ein größeres Privileg als die Familie, die ich unfairerweise im Schicksalslotto gewonnen habe, kann ich mir nicht vorstellen. Meine Großmutter kann strahlen wie die Weihnachtsbeleuchtung im Kaufhaus des Westens. Mein Vater ist verlässlicher als neue Profilbildchen nach Terroranschlägen. Ich höre jetzt auf, meine mittelmäßigen Metaphern können dieser Familie nicht das Wasser reichen.

Trotzdem ist die politische Verklärung von Vater-Mutter-Kind-Familien ärgerlich. Ob man Kinder des Partners, den neuen Freund der Mutter oder den Labrador des Nachbarn als Familie empfindet, ist eine so persönliche und private Frage, wie folgende: »Haben Sie sich beim Sex schon einmal vorgestellt, ein warmer Klumpen Hefeteig zu sein, der von einem Rührstab penetriert wird?«

Dass Parteien auch nur eine Vorstellung davon propagieren, was eine »richtige« Familie zu sein hat, ist ganz und gar scheußlich, fast so sehr wie die Vorstellung, ein warmer Klumpen Hefeteig zu sein, der von einem Rührstab penetriert wird. Und fast so dumm, wie die Verdammung der klassischen Stammfamilie, weil das irgendwie nicht hip klingt. Ob die eigene Familie nun ein Haufen verkrachter Existenzen oder eine eingeschworene Gemeinschaft ist: Wer sich trotzdem dazu aufrafft, für diese Leute Jahr für Jahr am Tag vor Heiligabend hektisch Weihnachtsgeschenke zu kaufen, weiß, was für ihn Familie ist, und für mich reicht diese Definition.

Im besten Fall ist eine Familie das Letzte. Die Letzten, die an einem zweifeln, wenn man Facebook-Aktien für eine gute Investition hält. Die Letzten, die man mit seinem ersten Roman enttäuschen möchte. Familie, das ist das Letzte, dessen Hand man hält, bevor man keine mehr hält. Und die Einzigen, für die man einen Text mit einem solch pathetischen Satz beenden darf.

Das Internet
gehört abgeschafft

Wir leben nicht in Zeiten, in denen man mit großen Forderungen um sich schmeißen sollte. Große Forderungen (Kommunismus oder nie wieder trinken) haben meist zur Folge, dass sie gar keine Folgen haben. Das Zauberwort ist »ein bisschen«, also Carsharing statt Kommunismus oder nie wieder jeden Tag sehr viel trinken statt Abstinenz.

Ähnlich mit dem Internet.

Denn natürlich gehört das Internet komplett abgeschafft. Wir haben es probiert, wir sind dran gescheitert. Und ja, die Euphorie am Anfang war schön, globales Dorf, da hat es überall gekribbelt. Die Möglichkeiten schienen endlos. Bekommen haben wir virale Videos von rührenden Heiratsanträgen und die bittere Erkenntnis, dass der eigene Partner sich niemals so viel Mühe geben würde. Es ist 2016, ein gutes Jahr, um sich einzugestehen: Das Internet ist doch nicht die Lösung. Hier also die Forderung: Lasst uns das Internet ein bisschen abschaffen.

Auf Twitter darf ab sofort nicht mehr jede Meinung kundgetan werden. Es hat eh schon jeder eine, der Bedarf an Meinungen ist völlig gestillt, außerdem sind Meinungen nicht dafür da, sie in 140 Zeichen zu pressen. Meinungen auf Twitter schaffen vor allem Ärger oder sorgen dafür, dass Menschen ihren Job wegen eines dämlichen Witzes verlieren.

Deshalb wird die Meinungsflut auf Twitter auf folgende zwei Meinungen gekürzt:

1. Ich finde, Meinungen gehören nicht auf Twitter.
2. Ich finde es total bescheuert, dass Scherenfirmen ihre Scheren so in Plastik verpacken, dass man sie ohne Schere nicht aufbekommt, was soll das, liebe Scherenindustrie?

Auf diese zwei Meinungen kann man sich sicherlich weltweit einigen.

Auch YouTube gehört ein bisschen abgeschafft. Weg mit frustrierenden Origami-Anleitungen, zweistündigen Monologen von Verschwörungstheoretikern und Videoclips von müden Pandababys. Es reicht völlig, wenn es nur noch Beauty-Videos gibt, in denen nette Menschen mit interessanter Frisur und monotoner Stimme erklären, wie man sich so schminkt, dass man so aussieht, als habe man sich nicht geschminkt.

Noch nie ist ein Krieg ausgebrochen, weil jemand erklärt hat, dass man Wimperntusche am besten in Zickzack-Bewegungen aufträgt. Außerdem sind Beauty-YouTuber grundsätzlich gutgelaunt, und Gründe für schlechte Laune gibt es auch ohne DSL-Anschluss genug.

Da Facebook eh nur noch von Menschen genutzt wird, die gerne betonen, wie wichtig das Internet heutzutage sei, soll es bestehen bleiben und eines natürlichen Todes sterben. Allerdings gehören die Reaction-Emojis abgeschafft, denn die Menschenwürde ist unantastbar.

Außerdem wird künftig Leuten, die ihre Facebook-Posts mit »Armes Deutschland!!« oder »Gute Nacht, Deutschland!« beenden, kein dauerhaftes Bleiberecht auf Facebook gewährt. Zurück ins Heimatland StudiVZ.

Auch der Online-Journalismus sollte ein bisschen abgeschafft werden. Oh, heikles Thema. Man möchte natürlich nicht sämtliche liebgewonnenen Kollegen in die Arbeitslosigkeit stürzen. Man möchte allerdings auch keine Texte mehr lesen, in denen Kolumnisten erklären, dass sie ein Gefühl haben.

Der Online-Journalismus wird also verschlankt und auf Informationen und Fußball-Liveticker beschränkt, Meinungsartikel werden dafür wieder ihren Platz in grabbeligen Abizeitungen und auf der letzten Seite in Frauenzeitschriften finden.

Auch die Kommentarfunktion sollte ein bisschen abgeschafft werden. Online-Kommentare sollen nicht mehr unter Artikeln stattfinden. Stattdessen bekommen sämtliche Kommentatoren eine WhatsApp-Gruppe, in der sie sich verbal die Köpfe einschlagen können.

Online-Petitionen bleiben selbstverständlich bestehen, damit diese Forderungsliste nicht ohne Konsequenzen bleibt.

So werden Sie Ihre Traurigkeit los

(Ich wollte immer ein Vorwort schreiben, endlich bietet sich die Gelegenheit dazu. Als dieser Text ursprünglich in der dicken Sonntagszeitung veröffentlicht wurde, twitterten einige Depressive, sie fühlten sich von meinem Artikel verletzt, ich nähme Depressionen nicht ernst. Dabei ist das falsch. Ich schreibe nur dann lustig über Dinge, wenn sie an sich nicht lustig sind. Ich finde, man muss Themen, die man ernst nehmen muss, von Zeit zu Zeit unbedingt nicht ernst nehmen, um Souveränität über sie zu erlangen. Humor nimmt Dinge ernst, denn er nimmt ihnen das Grauen. Das ist seine größte kulturelle Leistung. Lustige Dinge lustig zu beschreiben halte ich für eine größere Zeitverschwendung, als Wikipedia auswendig zu lernen. Ich möchte mich nicht über Depressive lustig machen, wohl aber über die Depression, dieses garstige Biest, von dem es niemals schöne Fotos gibt.)

1. Googeln Sie Depressions-Schnelltests. Wenn Sie einen bestehen, haben Sie zumindest ein Erfolgserlebnis.
2. Gehen Sie in den Wald. Sammeln Sie Pflanzen und pressen Sie diese zwischen Harry Potter und der Bibel. Warum das gegen Traurigkeit hilft, weiß keiner, andererseits liest man in den deutschen Leitmedien auffallend wenig von depressiven Herbariumbesitzern.
3. Verschenken Sie all Ihren Besitz. Alte Hemden, neue Hemden, Waschlappen und diesen albernen Thermomix, den

Sie genau einmal benutzt haben. Was man nicht besitzt, kann einen auch nicht unglücklich machen. Wenn Sie später nackt in Ihrer kahlen Wohnung sitzen und immer noch traurig sind, wissen Sie immerhin, woran es nicht lag.

4. Lesen Sie Glücksratgeber. Die Traurigkeit gibt es ja nur, damit Glückratgeberautoren nicht arbeitslos werden. Lesen Sie also Bücher mit buntem Cover und aufmunterndem Titel. Das hat zwar noch nie einen Menschen glücklich gemacht, aber dafür macht es wütend auf verlogene Glücksratgeberautoren, und wo die Wut regiert, hat die Traurigkeit keinen Platz.

5. Beschäftigen Sie sich intensiv mit einem Thema. Wählen Sie als Thema nicht Ihre Traurigkeit.

6. Legen Sie sich etwas Pflegeintensives zu. Einen Hund, ein Sky-Abo, eine Schuppenflechte. Dann haben Sie keine Zeit mehr, sich um die Traurigkeit zu kümmern. Die Traurigkeit geht ein, wenn man sich nicht um sie kümmert.

7. Fahren Sie weit weg. Verraten Sie der Traurigkeit nicht, wohin. Versprechen Sie ihr, dass Sie ja wiederkommen. Halten Sie Ihr Versprechen.

8. Springen Sie in ein Krokodilgehege. Durchqueren Sie als untrainierter Schwimmer den Ärmelkanal. Werden Sie Freeclimber. Wer sich in Lebensgefahr begibt, ist niemals traurig. Und Todesangst fühlt sich zumindest nach so etwas Ähnlichem wie Leben an.

9. Finden Sie die Ursache Ihrer Traurigkeit. Graben, jagen, suchen Sie nach ihr. Wenn Sie die Ursache gefunden haben, zögern Sie nicht und schmeißen Sie einen schönen, schweren Ziegelstein nach ihr. Wenn Sie den Grund partout nicht finden, schaffen Sie ihn sich einfach selbst. Erzählen Sie Ihren Freunden bei jeder Gelegenheit von Ihrer Niedergeschlagenheit. Die meisten werden Sie irgendwann verlassen. Schon haben Sie einen Grund!

10. Experten empfehlen bei Niedergeschlagenheit Bewegung. Laufen Sie also vor Ihren Gefühlen davon! Trampeln Sie auf der Traurigkeit herum! Fordern Sie sie zum Boxen heraus!
11. Verwandeln Sie sich in ein kleines, warmes Tier.
12. Verwandeln Sie die Traurigkeit in ein kleines, warmes Tier.
13. Lesen Sie endlich mal die Spam-Mails, in denen ein marokkanischer Prinz oder ein amerikanischer Investmentbanker Ihnen zwei Millionen US-Dollar anbietet. Glauben Sie den Mails. Und glauben Sie daran, dass Geld glücklich macht.
14. Oft heißt es, im Vergleich liege das Unglück. Das stimmt so nicht, aber Sie müssen natürlich schon das richtige Kontrastmittel wählen. Hören Sie also auf, sich mit Menschen zu vergleichen, die schöner, erfolgreicher oder klüger scheinen. Vergleichen Sie sich stattdessen mit Spam-E-Mail-Verfassern.
15. Stellen Sie Ihre Ernährung um. Experten gehen davon aus, dass sich die Traurigkeit in Fertiggerichten und einfachen Kohlenhydraten versteckt. Sollten Sie danach unglücklich an einer Karotte knabbern, verklagen Sie diese sogenannten Experten. Machen Sie ihnen das Leben zur Hölle. Investieren Sie alle Energie in ausgeklügelte und völlig überzogene Rachepläne, bis absolut kein Fitzelchen Kraft mehr da ist, um noch traurig zu sein.
16. Durchbrechen Sie Ihre Denkmuster! Denken Sie nicht mehr: »Oh, ich bin traurig«, sondern: »Oh, ich denke darüber nach, dass ich mir nicht mehr erlauben darf, darüber nachzudenken, wie traurig ich bin, hoffentlich werde ich jetzt nicht auch noch neurotisch, das hätte mir gerade noch gefehlt, ojeojeojammer.« So etwas empfehlen Experten. Aber die haben Sie ja nach Punkt 15 schon fertiggemacht.

17. Betrinken Sie sich. Bei Alkohol wird die Traurigkeit erst recht anhänglich, und es ist bekannt, dass zu viel Anhänglichkeit am Ende immer zu einer schmerzlichen Trennung führt.

Warum Sie nicht die AfD wählen sollten

Es stehen Wahlen in Berlin an. Ich glaube, es sind die Landtagswahlen. Genau kann ich das nicht wissen, denn ich bin keine Berlinerin. Das liegt nicht an mir, ich habe alles getan, um Bürgerin dieser Stadt zu werden: zeitig dafür gesorgt, hier geboren zu werden, ein hübsches Apartment in einem »In-Viertel« angemietet (ja, das schreibt man mit Anführungsstrichen, sehen Sie doch im Duden nach, aber so etwas besitzen Sie wahrscheinlich gar nicht mehr, Sie verlotterter E-Book-Konsument), und eine Liebschaft in ebendieser Stadt.

Ich habe herausgefunden, was cold-brewed Coffee ist, und kann ohne Probleme folgenden Satz von mir geben: »Du, zwischen dem veganen Raw-Restaurant und dem Craft-Beer-Laden hat gestern ein Pop-up-Store eröffnet, der genau den Adidas Stan Smith führt, der mir in meiner Sneaker-Sammlung noch fehlt.«

So etwas sagen Berliner häufig, und dann erstickt sie der Selbsthass, und schon müssen sie vor lauter Kummer sorgsam erwischte Tinderdates absagen. Dann rollen sie sich in ihrem Wohnzimmerteppich ein und stellen sich vor, sie seien ein Wrap.

So habe ich mir mein Berlin-Leben vorgestellt, ich bin also topintegriert, und trotzdem kam es bislang nicht dazu, dass ich Bürgerin dieser unserer Hauptstadt werden konnte. Geht ja momentan vielen so. Schuld ist das Einwohnermeldeamt. Um sich dort einen Ausweis mit einem schicken »Berlin« drauf abzuholen, muss man einen Termin ausmachen. Die Termine macht man, kündigt mir die Website frech an, mittlerweile »online«, beziehungsweise dort macht man keine Termine online, denn bis Herbst 2028 gibt es keine freien »Slots« mehr, und wer weiß, ob bis dahin nicht wieder eine Mauer auf meinem Haus steht.

Mauern bauen ist ja momentan sehr in, und die Geschichte wiederholt sich bekanntlich. Ich bin doch nicht bescheuert und hole mir für 2028 einen Termin, außerdem bin ich da schon mit einer Freundin verabredet.

Ich habe die freche Website weggeklickt, und im Einwohnermeldeamt direkt angerufen, denn ich bin nicht dumm. Deren automatische Telefonansage aber sehr wohl. »Drücken Sie die 1, wenn Sie was von uns wollen, und die 2, wenn Sie sich nur mal erkundigen wollten, wie es mir so geht in meinem Job als automatischer Ansagetext«, sagte die Ansage. Ich drückte die 1. Die Stimme sagte: »Ich wusste es! Wie es mir geht, hat noch nie eine Sau interessiert!«, und legte auf.

Gekränkt von der Ablehnung dieser Stadt schlug ich die Zeitung auf, ich wollte verstehen, was da schiefgeht, und Informationen können da ja nicht schaden. Und zack, auf der letzten Seite, daran lag es also:

»Steinbock: Heute wird Ihnen nichts gelingen, und morgen auch nicht, denn Sie verschwenden Ihre Lebenszeit mit der Lektüre von Horoskopen, die sich unser Redaktions-Labrador jeden Morgen ausdenkt, und so ist noch keiner zu Erfolg und Einwohnermeldeamtterminen gekommen.«

So schlimm ist das eigentlich nicht, für mich spielen die Wahlen eh keine so große Rolle. Auf jeden Fall keine so große Rolle wie für die Hitlerbart-Saisonarbeiter, die edelsten unter den Menschen, die Krönung unserer gammeligen Schöpfung, das Schönste, was über diesen wüsten Planeten irrt. Die Hitlerbart-Maler haben den besten Job der Welt.

Alle paar Jahre kriechen sie aus ihren Studentenbutzen oder Grunewald-Villen, wer weiß schon, wie die Eddingbesitzer heutzutage wohnen, blinzeln verschlafen in die Sonne und denken: »Aahh, schon wieder Landtagswahlen, jetzt aber schnell, Zeit, wieder ein paar Bärte unter die Nasen unfreundlicher Berufspolitiker zu zeichnen.« Das ist besser als die allermeisten Jobs, bei denen man sich ständig »Aahh, schon wieder Montag« denken muss. Augen auf bei der Berufswahl.

Die Hitlerbart-Maler nehmen ihren Job sehr ernst. »Natürlich tun wir das, wir sind doch keine verlotterten E-Book-Konsumenten«, kreischen die Führergesichtsbehaarungs-Zeichner da beleidigt auf. Das kann man ihnen aber kaum zum Vorwurf machen, denn beleidigt sein ist momentan sehr in, wer sich nicht beim kleinsten Kommentar auf die Füße getreten fühlt, kann eigentlich gleich seinen Twitteraccount löschen. Den Hitlerbart-Malern kann man also allenfalls vorwerfen, äußerst trendbewusst zu sein.

Am Abend, wenn die Sonne sich in irgendeiner Himmelsrichtung versteckt, schreiten die Zeichner dann zur Tat. Gesehen hat sie dabei noch nie jemand, denn die Hitlerbart-Maler sind komplett unsichtbar. Sie verraten allerdings niemandem, wie sie diese Fähigkeit erlernt haben. Ganz zu Recht, denn jeder andere Mensch würde solche Superkräfte missbrauchen und zu kriminellen Akten nutzen, für militärische Manöver etwa oder kostenlose Kinoeintritte. Das können die Plakatbemaler nicht verantworten.

Denn sie sind nicht nur pünktlich und verlässlich, sie arbeiten außerdem extrem verantwortungsbewusst. Wer weiß, woher die nach fünf Jahren Mittagsschlaf so genau wissen, welcher Holzkopf dieses Mal verziert gehört. Das Einzige, was die Plakatmaler nicht gut beherrschen, ist Lobbyarbeit. Noch immer gibt es von ihnen keine Gewerkschaft, dementsprechend arbeiten die meisten für Hungerlöhne oder sogar gänzlich unbezahlt. Der reine Wille treibt sie an.

Es dankt ihnen niemand dafür, das Gesicht von AfD-Politikern mit Eddingstrichen zu verzieren, keinen Preis bekommen sie für die Malerei überreicht, und trotzdem sind sie wieder da, jedes Mal wieder, verlässlicher als das Gedrängel in Einkaufsstraßen am Tag vor Heiligabend, und erwarten für ihre Mühe rein gar nichts, außer dass Sie Ihr Kreuzchen nicht bei einer höchst unsympathischen Partei setzen. Ich finde, den Gefallen können Sie ihnen tun.

Das Warten, das Bangen, das Rauchen

Fünfmal Tagebuch, ursprünglich für die dicke Sonntagszeitung.

MONTAG

Tagebuch also. Wie bei jedem, der sich zu Recht Mensch nennen möchte, ist dies mein x-ter Versuch, Tagebuch zu führen. Neben mir stapeln sich über zehn Notizbücher, alte Anläufe, die ersten Seiten feierlich datiert, dann leer.

An guten Tagen schreibe ich nicht, weil ich zu sehr damit beschäftigt bin, skeptisch zu sein. Im Gegensatz zum Glück ist die Traurigkeit verlässlich und tritt brav ein, wenn man sich lang genug darauf konzentriert. Auch die unglücklichen Tage notiere ich üblicherweise nicht, denn an unglücklichen Tagen liege ich lieber im Bett und überprüfe, ob ich gerade einen Tinnitus habe. Wenn ich keinen habe, bilde ich mir das nervtötende Piepen einfach ein.

Heute ist Montag, das war letzte Woche auch schon so, und in meinen Kopf klang dieser Satz deutlich poetischer, als er sich liest.

In knapp zwei Wochen erscheint mein erstes Buch. Ich habe sehr große Angst davor und fühle mich furchtbar. Dann lese ich wieder einen Artikel über die Flüchtlingswelle und fühle mich furchtbar, weil ich mich furchtbar fühle, obwohl keine durchgeknallten Bürger mein Haus anzünden. Meine Uroma

197

hat immer gesagt: »Denk an die Negerlein«, aber das sagt sie jetzt nicht mehr, denn es ist grob rassistisch. Außerdem ist sie tot, und Tote geben keine passiv-aggressiven Ratschläge, zumindest das nicht.

Die Geflüchteten tun mir leid. Deutschland ist irritierend. Kaum kommen sie hier an, heißt es: Entweder du kochst in einer ARD-Alpha-Show ein traditionelles Gericht aus deiner Heimat, oder wir fackeln deine Bleibe ab. Flüchtlinge werden entweder auf Refugee-Welcome-Partys in gammeligen Berliner Clubs geschleppt oder allesamt als Frauenhasser beschimpft. Für Syrer muss Deutschland eine einzige Freakshow sein.

Die letzte Woche war schön, denn Freunde haben mich besucht. Freunde, das habe ich schon mal erklärt, das sind die, die Fotos von einem auf dem Handy haben, für die man schnell seinen Job verlieren würde. Freunde haben zottelige Haare, bleiben viel länger als angekündigt, fressen einem den Kühlschrank leer, und wenn sie wieder weg sind, ist man traurig. Ich habe nur drei davon, viel mehr kann ich mir nicht leisten, denn Freunde nehmen Zeit in Anspruch, und Zeit ist Geld, und von Geld kann man sich im Gegensatz zu Freunden herrliche Dinge kaufen.

Ansonsten guter Dinge, gearbeitet, geschlafen, abends gelesen (»Altes Land«). Morgens und abends immer starke Hals- und Ohrenschmerzen, immer linksseitig, das war als Kind schon so. Meine Mutter würde mich zum Homöopathen schicken. Homöopathie wirkt bei mir wahrscheinlich nur aus reiner Nostalgie. Stattdessen Ibuprofen.

DIENSTAG

Heute habe ich meinen Hautarzt nicht angerufen. Damit vertreibe ich hässliche Gedanken. Jedes Mal, wenn die Welt ihr Quäntchen Orientierungslosigkeit einfordert, denke ich daran, dass ich immer noch nicht meinen Hautarzt angerufen habe, ein beruhigender Gedanke, ein Mantra, ein Summen hinten in der Schädeldecke.

Einmal schlug man mir vor, doch tatsächlich mal anzurufen, ein Muttermal am Rücken sähe wirklich bedenklich aus, aber dann würde mir bei nächster Gelegenheit nur etwas anderes einfallen, das ich noch nicht erledigt habe. An das Hautarzt-Gewissen habe ich mich gewöhnt.

Ansonsten begann der Tag mit Ohrenschmerzen und dem Gefühl, dass man für Tagebücher Max Frisch oder Franz Kafka heißen sollte, irgendein Name mit »F« also, der sich hübsch auf einem Suhrkamp-Bändchen macht. Das Niederschreiben der Normalität ist im besten Falle ermüdend, im schlimmsten Falle eine Unverschämtheit an alle Leser dieser Zeitung.

Allerdings schreiben wir das Jahr 2016, und Beleidigungen hört man heute nicht mehr, sobald man den Laptop zuklappt. Ich kann mich nicht erinnern, wann ich das letzte Mal im echten Leben, auf offener Straße beleidigt wurde, das erledigt man heute, ähnlich wie Überweisungen, lieber online. Vielleicht liegt es aber auch daran, dass ich penibel darauf achte, nicht auf Fahrradwegen zu laufen. Vor Fahrradfahrern habe ich Angst.

Gegen Ängste hilft am besten Konfrontation, deshalb habe ich mir heute Nachmittag ein Auto gekauft, schwarz und schön und wenig ängstlich. Mein allererstes Auto. Im Internet empfahl man mir, bei der Anschaffung darauf zu achten, dass der Wagen über einen Motor, vier Reifen und ein Lenkrad verfüge.

Der Händler war ein freundlicher Mann, der Autos lieber als Menschen mochte. Er sprach eigentlich nur ein Wort: »Hatta«. Motor hatta, Radio hatta, Reifen hatta und sogar TÜV hatta. Ich versuchte, den Preis runterzuhandeln, weil das auch in dem Artikel im Internet stand, aber den Artikel hatte mein Händler leider nicht gelesen. Er schüttelte den Kopf, ich zahlte den gesamten Preis, er lachte. Ich habe mir sogar so ein albernes Nummernschild mit Initialen ausgesucht.

Am Abend traf ich mich mit Margarete Stokowski. Ich freute mich, einmal, weil sie oft klug ist, und dann noch wegen etwas anderem. Trotzdem früh nach Hause, also zu dem Mann, der mich am besten kennt, ein Glas Nachtwasser, Schlaf, Ohrenschmerzen, Schlaf, Durst, Halsweh, Sorgen, Schlaf.

MITTWOCH

Heute habe ich einen Otter mit Flugangst adoptiert und ein Anwesen in Cornwall erstanden. Der Otter greift ständig nach meinem Smartphone, aber ich verrate ihm den Entsperrungscode nicht mehr. Seitdem ist er beleidigt. Vorher hat er meine letzte Milchschnitte gefressen, Mistvieh. Weiß nicht, wie ich ihn loswerden soll.

Das Anwesen war ein Spontankauf, ich war noch nie in Cornwall, ich bin mir nicht mal sicher, ob es Cornwall außerhalb von Rosamunde-Pilcher-Streifen gibt. Aber wie soll man das rausfinden, ohne ein Grundstück vor Ort zu besitzen? Das zumindest die Logik von dem Scheiß-Nagetier. Der Schuppen hat 800 000 Euro gekostet. Das Otter-Mistvieh hat mich letzten Endes zum Kauf überredet. Bescheuert. So jung, so überschuldet.

Ich will da überhaupt nicht hin, nach Cornwall, ich mag meine Wohnung hier in Berlin, aber der Scheiß-Otter steht auf englische Alternative-Bands, und für seine ständigen Konzertbesuche in London »käme ein Haus auf der Insel letztlich günstiger«.

Erst später habe ich das mit der Flugangst herausbekommen, aber da war das Ding gekauft und ich hochverschuldet. »Du glaubst an Schulden?!«, lacht der Otter, Schulden gebe es gar nicht im echten Leben, im echten Leben gebe es nur echtes Geld, Schulden seien eine Erfindung des Kapitalismus, oder hätte ich schon mal eine Spardose voller Schulden gehabt?

Ansonsten sitzt das Viech feist auf der Couch und googelt sich selbst. Ab und zu zeigt es mir Bilder von sich und betont, wie glücklich ich sein müsse, so mit Haus in Cornwall und eigenem Otter.

Nichts davon ist wahr, aber einem Tagebuch kann man ja alles erzählen. Darin die Krux. Ehrliches Notieren ist schon durch die Aussiebung dessen, was man nicht niederschreibt, unmöglich. Oft fällt einem ja erst Jahre später auf, wie gut es einem mal ging. Das liegt an unserem Erinnern, das Gehirn sorgt dafür, dass wir uns in der Gegenwart immer etwas unwohl fühlen und uns trotzdem irgendwann nach Biounterricht zurücksehnen.

Es ist später Nachmittag, ich arbeite seit Stunden. Das stimmt, aber vielleicht schreibe ich es nur auf, weil ich das als alte Dame lieber lesen möchte als »gestern habe ich getrunken, obwohl ich krank bin, jetzt geht es mir noch schlechter und ich jammere Bekannte per SMS an, damit sie mich bemitleiden«.

Abends herumgelaufen, der Einzige, der mir zu diesem Tag gratuliert hat, war der Schrittmesser auf meinem Handy. Neuer Schrittrekord, »10 Kilometer!«, piepst mich mein Samsung aufgeregt an. Hinter mir türmt sich die Befürchtung auf, dass ich auch darauf als alte Dame nicht stolz sein werde. Ich hoffe, die Redakteure dieser Zeitung achten darauf, links und rechts von meinem Text Artikel mit etwas mehr Dringlichkeit zu parken.

DONNERSTAG

Von Krieg geträumt, früh aufgewacht, Avocado gefrühstückt, dabei Zeitung gelesen und mir das Unglück eingeredet, bis es liebevoll klopfte und mich zurück ins Bett führte. Mein Terminkalender beginnt dieses Jahr eigentlich erst im März mit Erscheinen des Romans, davor das Warten, das Bangen, die Müdigkeit, viel Gerauche.

Zwischendurch Sorgen um den Kontostand, Sorgen um die Weltlage, Sorgen um das Freidrehen. Besonders die Sorge ums Geld ist ärgerlich, denn Geld ist doch eigentlich dafür da, sorglos zu leben. Stattdessen geht es mir mit Geld ähnlich wie mit der Polizei. Anstatt mir ein Gefühl von Sicherheit zu vermitteln, werde ich bei jeder Streife paranoid.

Ich möchte nicht mehr in Cafés arbeiten, denn Cafés sind voller erster Tinderdates, und die befangenen Gesprächsfetzen liegen in der Luft wie ein penetrantes Febreze-Spray.

Heute war mir also langweilig, Langeweile, das unangenehmste aller Luxusprobleme, und mit der Langweile auch immer gleich die Scham darüber. Wenn einem langweilig ist, empfehlen einem Leute ständig Dinge, die man tun könnte. Staubsaugen. Schreiben. Spazierengehen.

Wenn einem aber wirklich langweilig ist, hat man auf alle diese Dinge keine Lust. Man möchte zu Hause im Bett liegen und sich dafür verachten, dass man zu Hause im Bett liegt. Man möchte sich Gründe überlegen, warum einem Staubsaugen, Schreiben und Spazierengehen auf gar keinen Fall helfen würden.

Ich nehme meine Antriebslosigkeit sehr ernst. Anstatt ins Museum zu gehen, googele ich Depressions-Tests. Ich bestehe sie alle, es ist aber, ehrlich gesagt, auch ziemlich einfach. Danach mache ich das »Zeit«-Wissensquiz. Ich weiß nichts, es ist aber, ehrlich gesagt, auch ziemlich schwierig. Und da soll noch einmal jemand behaupten, die Dummen seien glücklich. So ein Unsinn, ich bin saublöd und kreuzunglücklich.

Es ist immer noch Nachmittag. Ich vertreibe mir die Zeit damit, heimlich bei dem Mann, den ich liebe, einzuziehen. Das geht ganz einfach: Ich gehe nicht mehr.

Manchmal kommt er herein und versucht, mich auf sehr subtile und rührende Weise zum Gehen zu animieren. Er sagt zum Beispiel: »Hau endlich ab, du wurstgesichtige Probeabschlampe!« Dann zieh ich ihn fest an mich ran und schüttle den Kopf. Ich lieb ihn so.

An den Abenden ist es meist etwas besser, denn da ist nur noch wenig vom Tag übrig. Mein Steuerberater schreibt mir nachts um zwölf, dass er Vater wird, ich freue mich sehr für ihn, gratuliere mit ungewohnt vielen Emojis. Mir fällt auf, wie selten ich mich aufrichtig für andere freue.

FREITAG

Facebook, gleich morgens. Lese immer wieder Status-Updates, in denen Leute davon berichten, ihre Freundesliste von AfD- und Pegida-Sympathisanten »bereinigt« zu haben. Frage mich, ob das nicht in den Köpfen von Leuten, die sich eh schon unverstanden fühlen, zu einem Märtyrerbewusstsein führt.

Wenn die großen Parteien sich weigern, mit AfD-Vertretern in Talkshows zu sitzen – was macht das mit Leuten, die die Presselandschaft hierzulande eh schon als zensiert betrachten? Es ist den Sprechern der Alternative doch schon jetzt eine beliebte Strategie, die Außenseiterkarte zu heroisieren, gießen da Ignoranz und Häme nicht Öl ins Feuer? Andererseits ist Verständnis für eine menschenverachtende Partei wohl auch nicht die Lösung.

Kann auch nachvollziehen, dass man AfD-Wähler nicht zu seinen Freunden zählen will. Kann eh zu viel nachvollziehen, führt zu einem Ohnmachtsgefühl.

Internet ist generell problematisch momentan, ich greife morgens nach dem kleinen Bildschirm und wenig später nach dem größeren, am Abend dann 50 Zoll Bildschirmbreite, bis das Fernsehflimmern zu Traumbildern wird, lebensgroß, 3D.

Pendle von niedlichen Panda-Gifs zu 28 Toten in Ankara. Die Wege sind zu kurz geworden. Wenigstens ein Umblättern sollte dazwischenliegen, die Unmittelbarkeit scheint ungehörig, ein Klick von Albernheit zu Tragik, da kommt mein

Empfinden nicht mit, ich stiere ratlos auf erschreckende Bilder. Ich bin überinformiert, orientierungslos.

Große, politische Texte traue ich mir schon lange nicht mehr zu. Zu viel Verständnis für die jeweilige Gegenposition, zu unklar verlaufen die Linien rechts und links, zu zuwider sind mir alle Extreme, und überall mutmaße ich Naivität, Populismus, Gier, Egoismus oder Unvermögen.

Also Rückzug ins Mögliche, ich plane die bevorstehende Lesereise, versuche, mich auf Termine zu freuen, über den Mann, der mich am besten kennt, über Geschnetzeltes, über frische Bettwäsche.

Verachte mich ein wenig für dieses Biedermeiertum.

Am Nachmittag fahre ich noch mal zum Autohändler, um die Zulassung des Wagens in die Wege zu leiten. In der U-Bahn lese ich einen Artikel, in dem etwas von höchster Terrorwahnstufe in Berlin steht. Später gehe ich Pizza essen.

Das war also eine Woche Tagebuch, das waren Flucht in Ironie und eine Menge schriftlicher Selbstreflektion. Festgestellt, dass Tagebücher immer verlogen klingen, wenn sie nicht fiktiv sind oder erst posthum erschienen. Festgestellt, dass ich mich an vieles später gar nicht so genau erinnern möchte. Festgestellt, dass wenig hilft. Festgestellt, dass Aufschreiben trotzdem hilft.

Danke

*Ich danke allen Zeitungen und Magazinen, für die
viele der Kolumnen in diesem Buch ursprünglich
entstanden sind. Allen voran der »Welt am Sonntag«,
ohne deren Deadlines dieses Buch nur halb so dick
wäre. Ich danke außerdem all den Freunden und
Familienmitgliedern, die ich immer viel grauenhafter
beschreibe, als sie sind, nur damit die Texte ein
bisschen lustiger werden. Im echten Leben seid Ihr
phantastisch, aber das verraten wir niemandem, ja?
Und dann danke ich Tilman, nicht für dieses Buch,
aber für alles andere.*